# 社交营销

## 传播推动流量

王 清 著

中国商务出版社
·北京·

图书在版编目（CIP）数据

社交营销：传播推动流量 / 王清著 . — 北京：中国商务出版社，2023.11

ISBN 978-7-5103-4874-7

Ⅰ．①社… Ⅱ．①王… Ⅲ．①网络营销 Ⅳ．① F713.365.2

中国国家版本馆 CIP 数据核字（2023）第 203043 号

## 社交营销：传播推动流量
SHEJIAO YINGXIAO：CHUANBO TUIDONG LIULIANG

王　清　著

| | |
|---|---|
| 出　　　版： | 中国商务出版社 |
| 地　　　址： | 北京市东城区安外东后巷 28 号　邮　编：100710 |
| 责任部门： | 发展事业部（010-64218072） |
| 责任编辑： | 刘玉洁 |
| 直销客服： | 010-64515210 |
| 总　发　行： | 中国商务出版社发行部（010-64208388　64515150） |
| 网购零售： | 中国商务出版社淘宝店（010-64286917） |
| 网　　　址： | http://www.cctpress.com |
| 网　　　店： | https://shop595663922.taobao.com |
| 邮　　　箱： | 295402859@qq.com |
| 排　　　版： | 北京亚吉飞数码科技有限公司 |
| 印　　　刷： | 北京亚吉飞数码科技有限公司 |
| 开　　　本： | 880 毫米 ×1230 毫米　1/32 |
| 印　　　张： | 8.25　　　　　　　　　字　数：155 千字 |
| 版　　　次： | 2023 年 11 月第 1 版　　印　次：2023 年 11 月第 1 次印刷 |
| 书　　　号： | ISBN 978-7-5103-4874-7 |
| 定　　　价： | 56.00 元 |

凡所购本版图书如有印装质量问题，请与本社印制部联系（电话：010-64248236）

版权所有　　盗版必究（盗版侵权举报请与本社总编室联系：010-64212247）

# PREFACE 前言

互联网时代,社交媒体异军突起。不同社交媒体平台汇聚数亿名用户,创造现象级营销神话。现阶段,营销者要想收割营销红利,吸粉变现,就必须充分认识到社交营销的重要性和必要性,主动加入社交营销。

本书带你步步为营,玩转社交营销,找到属于你的营销阵地,成功打造你的营销生态圈。

首先,带你了解大数据时代"无社交,不营销"的营销逻辑,初步认识巧借社交营销释放品牌魅力和建立个人IP的方法,掌握社交营销关键词KOL与KOC。

其次,带你熟悉内容营销、互动营销、场景营销、故事营销、口碑营销、借势营销、跨界营销等多元化营销策略,教你出奇制胜，高效获客。

再次，手把手教你为用户画像、构建社群，打造高质量私域流量池，打通"线上+线下"营销渠道，精准转化，引流变现。

最后，为你全面解析在微信、QQ、微博、拼多多、小红书、B站、豆瓣、知乎、头条号等不同社交营销平台上开展社交营销的有效策略与方法，以及"社交+短视频""社交+直播"的社交营销新模式，让你实现精准引流，裂变营销，快速涨粉，真正提升营销效果。

总体而言，本书分步骤、分平台有序梳理社交营销秘诀，结构完整，逻辑清晰，内容全面。书中特设"社交实战"和"营销案例"版块，结合上下文生动展示社交营销知识和策略，让读者轻松阅读，收获满满。

玩转社交营销，快速高效获客。阅读本书，相信你一定会对社交营销有更全面深入的理解，也一定能找到适合自己的营销阵地和方法，成功实现营销变现。

作者<br>2023年8月

# CONTENTS 目 录

第 1 章 大数据时代,"无社交,不营销" / 001

    1.1 分享、传播,引爆社交营销 / 003

    1.2 通过社交营销释放品牌魅力 / 010

    1.3 以社交媒体为阵地,建立个人 IP / 014

    1.4 社交营销的关键词:KOL 与 KOC / 020

第 2 章 营销策略:出奇制胜,高效获客 / 027

    2.1 内容营销:优质的内容是获客利器 / 029

    2.2 互动营销:良好的互动能提高用户粘性 / 033

2.3 场景营销：提供多变场景，带来独特体验 / 037

2.4 故事营销：用一个好故事来引爆订单 / 042

2.5 口碑营销：塑造口碑，让用户自愿成为产品代言人 / 047

2.6 借势营销：巧借"东风"，提升成交量 / 051

2.7 跨界营销：优势整合，为品牌发展增势赋能 / 057

## 第3章 精准转化：步步为营，变现为王 / 063

3.1 明确产品定位，精准用户画像 / 065

3.2 选择合适的营销平台 / 069

3.3 构建社群，打造高质量的私域流量池 / 075

3.4 "花式宠粉"，巩固流量 / 078

3.5 打通"线上+线下"营销渠道，实现营销闭环 / 081

3.6 营销、引流的最终目的是变现 / 083

## 第4章 微信、QQ、微博营销：推广营销的主阵地 / 087

4.1 数字化时代的微信营销优势 / 089

4.2 借助企业微信，提升客户转化率 / 092

4.3 微信小程序营销指南 / 095

4.4 如何运用微信公众号实现精准引流 / 098

4.5　QQ是聊天工具，也是营销工具 / 103

4.6　QQ空间引流：低成本、高收益 / 105

4.7　微博的传播特色与营销价值 / 108

4.8　微博账号运营的注意事项 / 113

4.9　微博营销工具：粉丝头条和粉丝通 / 116

## 第5章　拼多多、小红书、B站营销："种草""裂变"带来流量疯涨 / 121

5.1　拼多多：裂变式社交营销的鼻祖 / 123

5.2　明星店铺的推广优势 / 127

5.3　如何运用多多进宝撬动流量 / 129

5.4　小红书："种草"营销，让流量长存 / 132

5.5　爆款笔记的创作秘诀 / 135

5.6　小红书的涨粉攻略 / 139

5.7　B站："Z世代"成就营销新风向 / 142

5.8　B站品牌营销玩法解析 / 145

## 第6章　豆瓣、知乎、头条号营销：破解另类引流密码 / 151

6.1　豆瓣：高价值用户，助力品牌营销 / 153

6.2　"别处种草，知乎种树" / 157

6.3 知乎爆款文章和回答的写作秘诀 / 160

6.4 利用头条号做营销推广的正确"姿势" / 167

# 第7章 "社交+短视频":打造碎片化时代的营销生态圈 / 171

7.1 为什么短视频营销、推广越来越流行 / 173

7.2 常见短视频社交营销平台:抖音、快手、美拍、视频号等 / 178

7.3 头像、logo、个人简介 / 181

7.4 短视频封面设计,让用户"一见倾心" / 190

7.5 新手必看的爆款选题法 / 194

7.6 如何创作优质的短视频脚本 / 197

7.7 短视频拍摄、剪辑与配乐 / 201

7.8 做好内容优化,才能快速涨粉 / 210

7.9 这样做,提升短视频营销效果 / 213

# 第8章 "社交+直播":异军突起,引爆流量狂欢 / 217

8.1 直播营销爆火的底层逻辑 / 219

8.2 常见直播社交营销平台:抖音直播、快手直播、多多直播等 / 224

8.3 优质主播是怎样炼成的 / 227

8.4 打造一份实用的直播策划案 / 231

8.5 告别尬聊：直播间营销话术大全 / 236

8.6 多样互动，丰富直播玩法 / 242

8.7 营销复盘：积累经验，为"爆单"做好准备 / 246

**参考文献 / 251**

# 第 1 章

# 大数据时代,"无社交,不营销"

大数据时代，线上社交成为现代人的重要社交方式，社交营销成为营销者开展营销的重要策略。

玩转大数据，掌握流量密码，从认识和掌握社交营销开始，做互联网流量的引导者，将营销主动权握在自己手中。

## 1.1 分享、传播，引爆社交营销

互联网时代，谁掌握了流量，谁就能在营销竞争中取胜。在社交营销过程中，构建庞大的社交网，不断分享、传播营销信息，是激活流量引擎、获得更多流量的重要前提。

### 1.1.1 什么是社交营销

社交营销，是社交化营销的简称，是一种在人与人的交际往来环境下开展的营销，"社交"是其重要前提。

在商品经济发展之初，人们依靠面对面的语言交谈进行营销。随着通信技术的不断发展，人们越来越多地使用电话、网络进行社交营销。社交营销所依赖的技术的变革，也促进了社交营销特点的不断变化和丰富化。

在移动互联网时代，社交媒体的出现为社交营销提供了具体的营销场景和网络平台，社交营销成为新时期的主流营销方式。

### 1.1.2　社交营销的特点

社交营销具有社交性、互动性、实时性、多样性等特点，如图 1-1 所示。

图 1-1　社交营销的基本特点

◆ **社交性**

社交性是社交营销的重要特性，如果没有了社交性，那么社交营销也就不复存在。

要想开展和实施社交营销，营销者需要挑选或主动营造能与消费者进行交际往来的社交环境，将营销信息通过各种方式（如发帖、发图文或音视频动态、发朋友圈、发表评论、转发等）在社交媒体平台上分享、传递给消费者，使消费者了解具体的产品或品牌信息并参与营销活动，引导消费者产生消费行为。

社交营销的对象可以是个体也可以是社会群体，可以与其进行物质交流或精神交流，社交营销是一种彼此沟通、互动的营销活动。

◆ **互动性**

社交营销的互动性是由其社交性决定的，在社交媒体平台上，不同用户之间可以随时随地进行交流，如点赞、评论、咨询、回复、转发、关注、下单等，良好的互动性能有效拉近营销者与目标受众之间的关系。

对于营销者而言，在社交营销过程中，与目标受众保持良好的互动性是非常重要且必要的，原因如下。

第一，营销者与目标受众的良好互动，可以增加营销信息在社交媒体平台上的活跃度和热度。

第二，营销者通过与目标受众互动，能第一时间了解目标受众的最新需求，进而调整和优化营销策略。

第三，通过互动，能增加目标受众对营销活动的参与感，这有助于营销者引流。

### ◆ 实时性

社交营销依赖于社交媒体平台信息发布的实时性，在社交媒体平台上，每一个用户都能随时随地发布信息，也都可以随时随地查看最新信息。

营销者在社交媒体平台上可以随时发布营销信息，在信息发布成功的瞬间，平台上的其他用户就能在第一时间了解和查看最新信息动态、信息内容，这就帮助营销者建立了一个信息快速传递的通道，让营销信息可以被快速查看、分享，为营销信息在短时间内裂变传播奠定了良好基础。

### ◆ 多样性

社交营销的多样性，表现在营销展现内容的丰富多彩上。如果一个产品或品牌想要被大众知晓，可以通过文字、图片、音频、视频等多种形式来实现，也可以是不同形式的任意搭配组合，这能为受众带来丰富愉悦的视听体验，受众会有更强烈的参与感，可以进一步促进信息互动和信息传播。

### 1.1.3 开展社交营销的基本法则

通过社交营销释放品牌魅力，或者通过社交营销建立个人IP，具体策略和方法不同，下文会详细介绍，这里仅浅谈开展社交营销的两大基本法则。

◆ **以兴趣切入开展社交营销**

仔细观察就会发现，无论是在线上还是线下，人与人之间社交活动发生的基础一定是社交双方之间存在共同的兴趣爱好，如都喜欢某一本书、某一部电影、某一首歌曲、某一种动物、某一类运动或活动等，这些共同的兴趣，可以拉近不同人的心理距离，让不同的人有共同的语言和交流欲望。

所以，社交营销也应以兴趣为切入点来展开，其思维逻辑具体如图1-2所示。

以兴趣为切入点开展社交营销是非常明智的选择，如果营销者能找到目标受众的关键兴趣点，以此为核心创作营销内容、策划营销活动、发布营销信息，就能很快在社交媒体平台上赢得具有相同兴趣的其他用户的关注和支持。

例如，豆瓣、百度贴吧、知乎都是基于具体兴趣建立的社交媒体平台，从事具体营销活动的博主（或称吧主、达人等）也一定会以图书、帖子、问题为切入点，抛出话题，吸引具有相同兴趣爱好的同类人群的互动和关注。

寻找兴趣点：
　　寻找共同的兴趣，如娱乐生活、文史艺术、美容美妆、运动美食、旅游潮玩、服装服饰、科技科普等。

↓

社交引流：
　　围绕兴趣点输出内容，吸引具有相同兴趣的社交媒体平台用户悦己表达、交友拓客。

↓

转化变现：
　　浓缩兴趣生成付费产品，寄托情感、营造需求，追求投资回报。

图1-2　社交营销的思维逻辑

再如，微信社群、QQ兴趣部落，以及抖音、小红书等短视频社交媒体平台的诸多账号，都是沿着选定某项兴趣爱好、大量发布相关图文和音视频的营销道路而建立并做大做强的。

在具体营销过程中，营销者应打开思路去寻找兴趣，具体物品、事件、行为、想法、情怀等都可以成为兴趣。只要能精准把握受众的心理需求，能引起受众的情感共鸣，就可以吸引到大量受众群体，为进一步的社交营销奠定消费者基础。

### ◆ 以分享、传播成就社交营销

每一个营销者，都希望自己所发布的营销信息能在短时间内迅速覆盖全平台，甚至引爆全网成为热搜。这种营销效果的前提是，目标受众主动分享、传播信息。

那么，如何让用户主动分享、传播信息呢？

可以精准"打击"目标受众的"痛点"（如焦虑点、价值观认同、直接消费需求等），当所发布的营销信息能引起目标受众的情感共鸣时，才有可能进一步引发他们的消费行为。

可以通过人设打动目标受众，当营销者的人设与目标受众自认为的个人身份标签高度契合时，会激发目标受众在社交媒体平台上的分享、传播欲望。

还可以通过输出实用的内容来丰富、美化目标受众的外在身份或内在情感（如"时下最 in 的……""最受欢迎的 N 种拍照方式"），甚至是颠覆大众普遍看法的知识点（如"这个镜头我们当年居然都看错了""这一次我们不一样"），有趣的标签和实用的内容会引发用户分享、传播的欲望。

## 1.2 通过社交营销释放品牌魅力

移动互联网时代,社交媒体成为品牌推广的重要渠道,以社交媒体为阵地开展社交营销能有效释放品牌魅力,提升品牌价值。

### 1.2.1 社交营销,引领品牌持续增长

无论是初创品牌还是成熟品牌,都离不开社交营销。

简而言之,社交营销是新时期品牌营销的重要途径。社交营销能为品牌赢得更多消费者,有效扩大品牌的市场占有率,如图1-3所示。

图1-3 社交营销，引领品牌持续增长

## 1.2.2 如何利用社交营销释放品牌魅力

### ◆ 构建完整的品牌营销体系

品牌在进行社交营销时，首先需要构建完整的品牌营销体系，并根据市场的变化不断地迭代完善体系，以培养大批忠实用户，令品牌在激烈的市场竞争中始终立于不败之地。

品牌营销体系的核心内容主要包括以下几个方面，如图1-4所示。

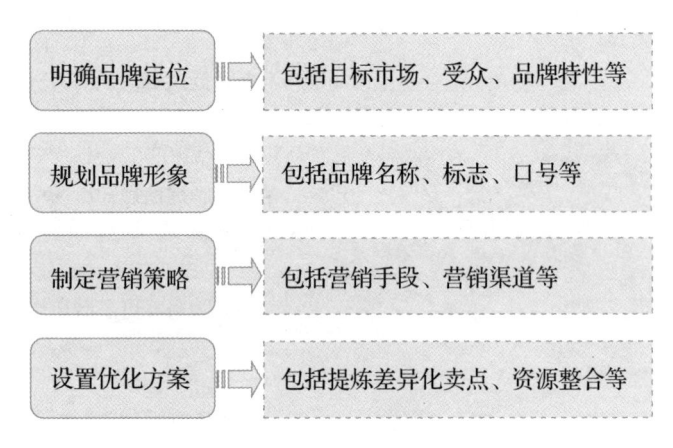

```
明确品牌定位 → 包括目标市场、受众、品牌特性等

规划品牌形象 → 包括品牌名称、标志、口号等

制定营销策略 → 包括营销手段、营销渠道等

设置优化方案 → 包括提炼差异化卖点、资源整合等
```

图 1-4　品牌营销体系的核心内容

◆ 以品牌为营销核心，传递品牌价值

在针对品牌开展社交营销的过程中，无论是品牌的官方平台、官方社交媒体账号，还是品牌与知名博主的合作共创内容（图文、音频、视频等），都应该以品牌为营销核心，围绕品牌开展营销，将品牌形象、品牌思维等融入营销内容中，向目标消费者精准地传递品牌价值，让消费者产生价值认同，让品牌引流，成功实现社交营销。

◆ 关注平台数据，优化营销策略

要想在社交媒体平台上进行社交媒体营销，就必须了解社交媒体平台的规则。社交媒体平台会结合不同营销者的账号情况进行流量分拨,而营销者能否获得平台的流量帮扶则取决于营销者的各项平台数据。

总之,品牌营销者必须切实立足社交媒体平台营销规则,关注社交媒体平台的各类营销数据,及时发现品牌社交营销的增长点或不足,不断调整和优化营销策略,以实现营销效果最大化,如图1-5所示。

- 粉丝数:反映品牌或产品吸引力和影响力。
- 点赞数、评论数、互动率等:体现品牌与用户之间联系强弱关系。
- 阅读量、加购量、转发量等:表现品牌信息传播广度。
- 转化率、动销率、销售额等:反映品牌变现能力。

图1-5 品牌社交营销应关注的基础数据

## 1.3 以社交媒体为阵地，建立个人 IP

对于个人营销者来讲，建立个人 IP 并非一件容易的事情，需要从细、从小做起。在社交媒体领域，建立与众不同、形象鲜明的个人 IP 可以尝试以下方法。

### 1.3.1 选择领域，遴选平台

选择自己擅长的领域是打造和建立个人 IP 的第一步。

微信、微博、抖音、小红书等不同社交媒体平台，主推内容各有不同，营销者应了解自己擅长的领域，并根据自己擅长的领域选择相应的平台，使深耕领域、长久发展方向能够与平台的经营推广方向保持一致，如此才能在某一个或几个社交媒体平台上持续做大和做得长久。

此外，不同的社交媒体平台针对新加入的用户或创作者会推出一些流量扶植策略，营销者在选择社交媒体平台时，应多关注平台的新人扶植策略，以争取在建立个人IP的起步阶段就能获得平台的推广。

### 1.3.2 明确风格，打造人设

目前，社交媒体平台众多，各个社交媒体平台上的创作内容丰富多彩，同一创作内容赛道也有众多竞争者。营销者要想从众多平台创作者中脱颖而出，必须明确自己的个人IP风格，打造个性鲜明的人设，让社交媒体平台的诸多用户能发现你的与众不同，并能轻松地将你与社交媒体平台上的其他创作者区分开来。

结合社交媒体平台的热门领域来看，社交媒体平台的常见风格有搞笑、短剧、反差、记录生活、专业解读等，常见热门人设有创业宝妈、测评博主、美妆达人、行业专家等。稳定出彩的风格与人设可以让IP很快从同领域营销者中脱颖而出，被更多平台用户关注和喜爱。

### 1.3.3 设计独特的 IP 形象

要想从数量庞大的社交媒体平台用户中脱颖而出，营销者必须建立独特鲜明的 IP 形象，让用户注意到自己。

这里所说的 IP 形象范围较广，下面具体从图形、颜色、文字和声音四个方面进行解析。

◆ **个人 IP 形象之图形**

图形是个人 IP 形象的重要展示内容，是指在社交媒体平台上的头像、产品或品牌 logo 图形。

塑造个人 IP 形象的图形应该与营销者所从事的领域、行业相关，能突出领域、行业特色；以打造具体人设为主的营销账号，推荐选择个人照片或卡通形象做头像。

◆ **个人 IP 形象之颜色**

与图形的复杂性相比，颜色的识别更加简单，个人 IP 形象如果能固定一种主色调，当别人浏览你的头像、动态、主页时就能留下深刻印象，或许浏览者并不能一下子记住你的账号名称，但一定能记住你的大面积主色调。

第 1 章　大数据时代，"无社交，不营销"

【营销案例】

### 颜色是打造 IP 形象的重要符号

抖音平台某文化类 IP，其头像、主页各视频封面、每期视频中的背景色调、出镜人物着装等均选择了绿色，各条视频中博主出镜时也穿绿色衣服，绿色就是其个人形象的代表色，很容易让人过目不忘。

当提起文化类博主时，许多用户的脑海中大概率会出现该文化类 IP 博主身着一袭绿衣向观众解说中国传统文化的场景，这便是颜色在个人 IP 形象塑造中的成功妙用。

### ◆ 个人 IP 形象之文字

这里的文字，是指描述和塑造个人 IP 形象的账号名称、个人简介，精准有趣的文字介绍能让你的目标受众更容易搜索或浏览到你。

在具体营销操作中，要想让你的目标受众能精准搜索到你，一定要熟悉他们的搜索关键字，最好将搜索时可能高频出现的关键字放在你的账号名称或个人介绍中。

◆ **个人IP形象之声音**

在社交媒体平台上发布音视频动态时,建议使用同样音色、音质的声音,可由固定的人员录音,也可通过社交媒体软件编辑声音,无论哪种,都尽量保证同一账号下所发布动态中声音的一致性。

如果在不同的社交媒体平台上开展营销,建议在各个平台中使用相同的头像、配色、个人资料、声音,保持视觉、音视频风格的一致性,以提高个人IP的辨识度,让目标用户在不同平台也能快速识别、关注你。

### 1.3.4 不断输出优质内容

任何一个成功的个人IP,都必须有优质的内容作支撑,这就是互联网时代媒体营销的重要法则,即"内容为王"。

建立个人IP,必须不断输出优质内容,让用户能在你这里看到与众不同的内容,如此才能不断引流、增加用户粘性。需要注意的是,内容输出应与既定领域相关,避免输出杂乱的内容,否则可能会让你的账号定位不明确,令IP形象变得模糊。

## 1.3.5 保持活跃度，传递正能量

社交媒体平台能让不同的人因为同样的兴趣爱好聚集在一起，营销者应牢牢把握和充分利用社交媒体平台的这一特点，通过积极展示 IP 形象，传递 IP 文化与价值观，吸引特定行业或社会身份的人，以及对 IP 所在领域感兴趣的目标受众，让他们了解、关注你的个人 IP。

具体来说，利用社交媒体开展营销，应在群组、论坛、评论区等与目标受众互动的"场所"保持活跃度，积极回复受众，向受众介绍 IP、展示 IP，发表独特见解、展示独特风格、分享原创内容，不断提高个人 IP 的曝光量、影响力与知名度。

需要注意的是，要维护好个人 IP，积极传递符合当前社会主流价值观的正能量，切不可为了"火"而发表不当言论或恶意揣测与攻击他人。

## 1.4 社交营销的关键词：KOL 与 KOC

开展社交营销，营销者应特别重视营销活动中出现的两类代表性人物，即关键意见领袖（KOL）和关键意见消费者（KOC），这两类代表性人物在社交营销过程中可能发挥类似风向标的关键作用，因此不容忽视。

### 1.4.1　KOL：关键意见领袖

KOL，英文全称为 Key Opinion Leader，意为"关键意见领袖"，具体是指，在营销过程中，熟悉产品或品牌信息，能发挥显著营销宣传作用，对消费者购买产品或认可品牌有巨大影响力的关键人物。

在开展营销工作的过程中，很多人容易将关键意见领袖

（KOL）与意见领袖（Opinion Leader）混淆，其实这是两个完全不同的概念，这里简要对二者进行对比分析，如图1-6所示。

关键意见领袖

- 营销学术语。
- 与被影响者是引导消费和被引导消费的关系。
- 是新产品的早期使用者，在具体领域有专业话语权。
- 合群健谈，对产品或品牌有专业深入的见解。
- 持久深入介入某一产品或品牌的营销信息渠道中。

意见领袖

- 媒体传播学术语。
- 与被影响者是平等关系。
- 均匀分布在社会各群体或阶层中。
- 社交范围广，拥有较多的信息渠道。

图1-6 关键意见领袖与意见领袖属性对比分析

一般来讲，意见领袖在小范围内具有影响力，关键意见领袖的影响力更广泛、更权威。

在社交营销领域，关键意见领袖与消费者的关系是，关键意

见领袖比普通消费者了解更多、更准确的产品信息，对消费者的消费行为有重要甚至是决定性的影响。关键意见领袖一般包括营销宣传产品的头部主播、产品或品牌创始人等。

## 1.4.2　KOC：关键意见消费者

KOC，英文全称为 Key Opinion Consumer，意为"关键意见消费者"，具体是指，在消费领域能影响周围亲朋好友进行同类产品消费的人。

与关键意见领袖相比，关键意见消费者的消费影响力要小很多，但影响力更为垂直、直接。

通常情况下，关键意见消费者在介绍产品时，往往并不以专家的身份出现，而是以消费者的身份出现，以产品普通用户的身份来分享购物体验、使用体验，通过"种草"的方式为产品或品牌作宣传。

由于关键意见消费者是站在消费者的角度来使用、评价产品的，这让他们的意见显得更加真实可靠，对其他消费者的消费行为的影响也就更加直接。

在社交营销过程中，当一些经常为周围人"种草"的人的影响力不断变大变强时，他们可能成长为关键意见领袖，深耕某一个或某几个领域，为产品或品牌"打CALL"，为消费者"种草"，进而引导消费群体进行购物消费。如普通消费者经常分享各种好物，逐渐成为社交媒体平台的购物达人，然后再进一步转变成"种草"博主、带货主播。

【营销案例】

### 没有一句广告语的社交营销

某人文艺术博主擅长轻黏土手工创作，在其创作的视频中，网友们能欣赏到一团团轻黏土是如何变成一个个令人惊艳的人物形象的。其制作的人物细腻精致，栩栩如生，吸引了大批轻黏土爱好者、手工创作爱好者，其作品风格在相关领域越来越受欢迎，微博粉丝多达十几万人，抖音粉丝则超过二百万人。

由于作品质量高，该博主创作的每一条视频的播放量、点赞量、评论数、转发量都非常高，一直在社交媒体平台保持着较高的热度。其中，有一条手托某护肤产品的美人鱼形象的创作视频获赞超过20万，网友评论"打广告还不让人反感"，该视频中并未播放一句广告语，却极大地增加了该护肤产品的搜索量和新产品热度。

在这次社交营销中，该博主站在了消费者的角度，相当于扮演了关键意见消费者的角色，因此这次营销可以说是品牌联合关键意见消费者的成功营销案例。

### 1.4.3 借KOL与KOC之力开展社交营销

对于营销者而言，选择KOL还是KOC开展社交营销，要视具体营销情况而定。

一般来说，KOL是首选，因为他们的粉丝群体广泛，影响力足够大，带货能力足够强，但这也意味着可能需要付出较高的带货佣金或广告费。显然，这样的营销适合实力雄厚的大企业，此类企业可以和KOL在社交营销宣传、造势上实现"强强联合"的效果。

KOC的消费影响力相对较小，但在社交营销的"种草"、带货过程中可以起到更直接有效的带货转化作用，更适合个人营销者或小型营销团队。

当然，如果实力和条件允许，可以联合KOL和KOC同时开展社交营销，增加产品或品牌在全社交平台的曝光量，为产品或品牌造势，进而打造爆款产品，提高品牌的知名度和美誉度。

【社交实战】

#### 社交营销"借势"实操注意事项

无论是借KOL之力还是借KOC之力开展社交营销，一定要切合自我营销需求和实力，同时，重点关注以下几点。

- 提前考察筛选，选择社交媒体平台中粉丝量大、等级高的 KOL 或 KOC。
- 关注 KOL 或 KOC 的擅长领域，注意他们的专注领域应与营销产品、品牌定位相符。
- 了解 KOL 或 KOC 的场均转化率、商品交易总额（GMV）是否客观等。

# 第 2 章

# 营销策略：出奇制胜，高效获客

在移动互联网时代，巧用营销策略是企业和品牌出奇制胜、高效获客并从激烈的市场竞争中脱颖而出的法宝之一。常见且高效的营销策略有内容营销、互动营销、场景营销、故事营销、口碑营销、借势营销、跨界营销等。

## 2.1 内容营销：优质的内容是获客利器

优质的内容是获客利器，而高明的内容营销能帮助培养潜在的消费者，提高品牌的曝光率和知名度。

### 2.1.1 什么是内容营销

内容营销指的是基于内容的营销模式，即企业或品牌采用文字、图片、动画或图文并茂及"视频＋旁白＋音乐"等形式来传播相关信息，从而加深消费者对企业和品牌的正面印象、扩大企业和品牌影响力、提升产品销量的一种营销手段。

生活中，内容营销随处可见，如报纸上的广告、印在食品包装盒上的文字、手机 App 平台上的品牌宣传视频等。

具体而言，内容营销具有以下特点，如图 2-1 所示。

图 2-1 内容营销的特点

## 2.1.2 内容营销的实施法则

好的内容营销往往能产生令人意想不到的营销效果。但营销者需遵循以下营销法则，才能高效产生营销的预期效果。

◆ 坚持内容为王

开展内容营销的重中之重是坚持内容为王。如果内容质量不够优质，就很难吸引受众的关注与参与，更不用说培养忠实的用户了。一般而言，有价值的内容需要具备以下特质，如图 2-2 所示。

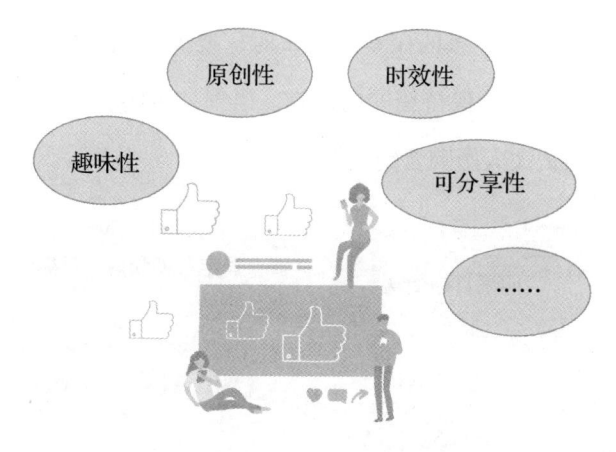

图 2-2　有价值的内容需具备的特质

营销者唯有精心策划、创作质量过硬的内容，才能保证内容营销的效果，助力品牌从激烈的竞争中脱颖而出。

◆ **制订长期规划，保持合理的节奏**

营销者在开展内容营销的时候，一定要保持耐心，将战线拉长，只有设定长期规划、持续深度耕耘，才能确保后期的成功。如果只想着一蹴而就，结果往往会背道而驰。

一般而言，营销者制订长期规划时，需要考虑以下问题，如图 2-3 所示。

制订好长期规划后，营销者需要以合理的节奏有条不紊地去执行，培养受众定期阅读、观看文字或视频内容的习惯。后期在内容创作上进行更多的探索和尝试时,要保持相同的发布频率,和受众沟通时也要保持相同的口吻、语气,否则会让受众失望或产生落差感,大大影响营销效果。

图 2-3 制订长期规划时,需要考虑的问题

◆ **注重反馈,监测营销效果**

在内容营销的过程中,营销者要随时监测、分析营销效果。比如查看各平台受众的阅读数、转发量、评论量、页面停留时间等,并根据受众的反馈及相关数据来调整营销策略、优化内容,以产生最理想的营销效果。

## 2.2 互动营销：良好的互动能提高用户粘性

在新媒体时代，越来越多的企业、品牌致力于搭建与消费者沟通、互动的桥梁，通过这样的方式去传递品牌理念、产品信息。于是，互动营销应运而生，成为当下极为火爆的营销方式之一。

### 2.2.1 网络互动营销的特征

互动营销主要强调营销双方（即企业、品牌与消费者）之间的互动。当营销双方通过语言或采取某种共同的行为相互联系、相互影响时，企业或品牌的相关信息就会在潜移默化中被消费者接受、记住，这就为后期高效实现营销目标作了铺垫。

具体而言，网络互动营销主要具有以下特征，如图 2-4 所示。

<<< 社交营销：传播推动流量

- 双向互动，具有较强的社交属性
- 娱乐色彩较强，比较吸人眼球
- 突破空间、地域限制，能即时与消费者互动
- 从消费者需求出发，引导其深度参与其中

图 2-4　互动营销的主要特征

当前，借助网络媒介，以各种社交媒体平台为阵地的网络互动营销被运用得更为广泛。开展网络互动营销时，企业可借助互联网平台制造话题，并运用各种互联网互动工具引导消费者参与其中，以增强营销效果。

### 2.2.2　网络互动营销的实施策略

网络互动营销能够帮助企业、品牌不断发现、挖掘目标客户群体，真正提高用户粘性和品牌的转化率。

企业营销者可借鉴以下步骤去开展网络互动营销，如图 2-5 所示。

◆ **建立与消费者直接沟通、互动的渠道**

建立平等、畅通的对话渠道是在广大用户群体中实施互动营销的前提。一般而言,企业可通过官网、官方微博、微信公众号、抖音账号、小红书账号等与消费者直接沟通,如回答消费者的提问、在线征集消费者的使用感受等。

- 建立与消费者直接沟通、互动的渠道
- 设计独具创意的互动形式
- 打通线上和线下互动渠道,谋求破局
- 联合其他营销方式,增强营销效果

图 2-5　网络互动营销的实施策略

营销者也可以通过搭建社群的方式同消费者建立关系纽带,不断进行互动。比如建立微信群、QQ 群等,不断在群组里发布有价值的信息,鼓励消费者直接询问和购买。

◆ **设计独具创意的互动形式**

营销者要想吸引更多用户的关注、参与,就要精心设计独具创意的互动形式,比如在线投票、抽奖、趣味问答,邀请消费者试用、评分、提出改进意见等。

营销者可通过这些创意互动激发用户的参与热情,刺激用户的购买欲望,增强用户对品牌的认知度和忠诚度。

### ◆ 打通线上和线下互动渠道，谋求破局

营销者在开展互动营销的时候，可以将线上、线下营销结合起来，实现闭环互动营销，以谋求企业或品牌的发展新机遇。

具体可以整合线上和线下渠道的客户数据，掌握不同渠道客户的消费习惯，有针对性地制定互动策略；线上、线下联动，开展营销活动，如线上新品问答会、线下新品体验活动；等等。打通线上和线下互动渠道，能加强互动效果，收获更多流量。

### ◆ 联合其他营销方式，增强营销效果

营销者也可以将互动营销与其他营销方式结合起来做营销，往往能收获令人喜出望外的营销效果。

比如，可以将互动营销和内容营销结合起来做营销，通过优质的内容吸引消费者关注，再通过高频次的互动给予消费者更多的参与感和更好的体验感，随着这种交互式营销的深入进行，品牌和产品的用户数量也将在不知不觉中增加。

## 2.3 场景营销：提供多变场景，带来独特体验

场景是品牌、产品走入消费者内心的入口。场景营销就是要将消费者的需求与产品价值紧密联系在一起。做好场景营销，能有效彰显品牌、产品的价值，激发消费者的购买兴趣。

### 2.3.1 什么是场景营销

场景营销指的是借助当今快速发展的互联网技术，通过为互联网用户提供新奇有趣、满足用户不同需求的场景来进行营销的一种新型营销策略。场景营销的高效实施离不开特定的场景，提供多变场景和独特体验是场景营销的重点。

无论是在PC端还是移动端，消费者的上网行为始终离不开以下三大场景，如图2-6所示。

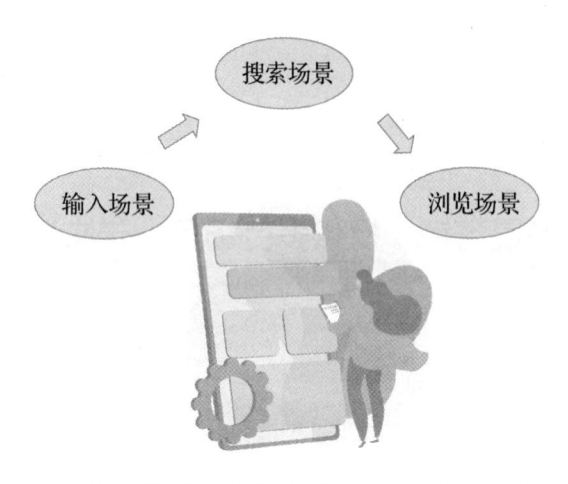

图 2-6　消费者的上网行为始终处于这三大场景中

基于消费者输入、搜索、浏览信息的网络行为路径，营销者可为消费者构建特定的场景活动，令消费者沉浸其中，从而使其更为具象地感受到品牌、产品的优势，以及购买该产品能给自己的生活带来什么好处。可以说，场景营销的优势是显而易见的，因此也越来越受欢迎。

## 2.3.2　品牌应如何做好场景营销

场景是连接消费者与品牌、产品的桥梁，高明的场景营销能有效激起消费者的兴趣，带给消费者独特的体验。

◆ **掌握消费者的心理状态**

洞察消费者心理是实施场景营销的前提。只有掌握消费者的心理状态,才能顺利实施下一步的场景搭建。

要想掌握消费者的心理状态,首先要做好市场调查,掌握不同类型消费者的兴趣爱好、消费习惯、常见的消费场景等信息。

其次要分析消费者产生某种需求背后的心理动机,掌握消费者在购买产品或服务时的需求和期望。

◆ **搭建有价值的场景**

要想搭建有价值的场景,首先要定位场景类型。线上场景多种多样,如图2-7所示。

图2-7 线上场景类型

内容场景指的是在文字、图文、视频等形式的内容中融入特定的场景，以便向消费者提供沉浸式体验。比如，消费者在小红书上看到一则描写某家饭店环境的图文笔记。

使用场景则是消费者使用行为与场景间的结合。企业或品牌需要考虑消费者会在哪种情况下使用产品。比如，奶茶店会在秋日到来时营销"秋天的第一杯奶茶"，这里的"秋天"意味着特定的环境、氛围、场景。

其次，营销者要用心塑造场景价值。有价值的场景一般都满足以下条件，如图2-8所示。

能吸引消费者关注，激发购买欲望

能勾起消费者的情绪，产生情感共鸣

强调品牌、产品价值，营造独特氛围

图2-8 有价值的场景要满足的条件

简而言之，营销者只有先搭建好独特的、有价值的场景，将消费者带入独特的场景氛围中，才能为之后消费者的下单购买行为作好铺垫。

◆ **引导消费者下单购买**

在把握消费者心理变化，以独特的场景吸引消费者关注后，下一步就是给予消费者足够的心理暗示，引导消费者下单购买。

比如，在一些直播场景中，主播会一边试吃售卖的食品或试穿服饰，一边介绍所售卖商品的特点、优势，以此引导消费者消费。这能大幅提升消费者的购买欲望，从而提升直播间的流量转化率。

## 2.4 故事营销：用一个好故事来引爆订单

在社交营销策略中，故事营销被运用的频率非常高。高明的故事营销能有效吸引消费者的关注、提高消费者粘性，从而汇聚流量、逐步提升品牌的影响力和产品的成交量。

### 2.4.1 故事营销的优势

故事营销指的是运用讲故事的方式去传播理念、销售产品或服务的一种营销方式。

故事营销中的"故事"可以是品牌创立的故事，也可以是产品生产或销售的故事。相比其他的营销方式，故事营销更具吸引力和感染力，有着突出的优势，如图2-9所示。

- 能迅速引起消费者的关注，便于记忆和传播
- 提供情绪价值，能激起消费者的情感共鸣
- 使品牌、产品更具文化内涵和生命力

图 2-9　故事营销的优势

## 2.4.2　什么样的故事更能打动人心

故事营销做得好，能令消费者在听故事的过程中不知不觉地记住品牌信息，认同品牌理念，产生购买欲望。那么，什么样的故事更具有打动人心的力量，更能吸引消费者关注呢？如图 2-10 所示。

| 01 | 故事要足够新颖、有趣 |
| 02 | 故事要足够真诚，富含正能量 |
| 03 | 提升故事的权威性 |
| 04 | 凸显品牌精神，展现人文关怀 |

图 2-10　更能打动人心的故事

### ◆ 故事要足够新颖、有趣

在这个信息爆炸的时代，消费者可能没有足够的耐心去倾听冗长的故事或阅读大段的文字。换言之，如果营销者所讲述的品牌、产品故事不够新鲜、有趣，很快就会被淹没在海量的信息中。

要想让故事变得有趣，可以采取拟人化的手法去讲述。比如，小米曾发布一系列产品故事片，片中别出心裁地赋予了智能家电不同的人格，画面十分有趣，使人立刻被吸引。而当消费者看完故事片之后，对不同产品的核心卖点也产生了深刻的印象。

### ◆ 故事要真诚，富含正能量

真诚而又富含正能量的故事往往能展现品牌的温度，使消费者产生代入感，因此这一类故事通常更具打动人心的力量。

比如，某运动鞋品牌曾推出一则广告故事片，讲述了几名运动员在历经坎坷后终于走出低谷赢取胜利的故事，鼓舞观众要永远对人生保持热情和斗志。该故事片中处处充满真诚而动人的细节，一上线，便引起无数观众的热评，而该品牌的好评度也大幅提升。

### ◆ 提升故事的权威性

在塑造品牌、产品故事时，提升故事的权威性可以加强故事的说服力，令消费者大幅提升对品牌、产品的信任感。

具体可以通过数据背书、专家背书、名人背书的方式去提升故事的权威性。比如，某矿泉水品牌在讲述品牌故事时，通过一系列数据强有力地证明了该品牌矿泉水的品质优势，给消费者留下深刻印象。

### ◆ 凸显品牌精神，展现人文关怀

在运用故事营销策略时，最好将品牌精神融入故事讲述的过程中。比如，某品牌曾用纪实的手法讲述了工厂员工及产品配送员努力工作、多年如一日地守护产品品质的故事，故事中流淌着真实而又鲜活的情感，十分鼓舞人心。

简而言之，温暖、独特、能够打动人心的故事能让企业、品牌更有温度，从而令营销事半功倍。

【营销案例】

巧用故事，提升品牌的竞争力

粽子品牌五芳斋曾推出一部名为《寻找李小芬》的微电影，引起无数网友的共鸣。微电影讲述了这样一个故事：一位满头白发的老人闯进一所校园里寻找一个名叫"李小芬"的女人，好心的保安大叔见到老人失魂落魄的样子，立刻发动起身边的朋友，开始了全城寻找李小芬的行动。可是直到夜晚，还是毫无眉目。

这时，"寻找李小芬"团队中的好心大婶给老人拿来粽子充饥。老人尝了一口却说："不是这个味道。"原来，老人得了老年痴呆症，他所寻找的"李小芬"其实是他的母亲，多年前曾在这所学校当老师。如今，这位患病的老人虽然已经忘记了许多事，但仍然记得自己的母亲名叫李小芬，她曾经在这里上班。他执着地寻找着母亲，寻找着小时候母亲给他包的家乡风味的粽子的味道。保安大叔了解到往事后，特意为老人准备了五芳斋粽子。

微电影最后，出现这样一行字幕："有中国味的地方，就有人情味。"这句文案及这一曲折动人的故事将五芳斋品牌理念诠释得淋漓尽致，给观众留下了深刻的印象。五芳斋的品牌价值观被这个故事具象化，并潜移默化地印入观众的脑海中，令观众对品牌的好感度大幅提升。

## 2.5 口碑营销：塑造口碑，让用户自愿成为产品代言人

口碑营销是一种高效的营销策略，利用消费者的口来宣传品牌、产品，从而提高企业、品牌的影响力。在当前的社交营销手段中，口碑营销变得越来越受欢迎。

### 2.5.1 口碑营销的特点

口碑营销指的是企业、品牌通过优质的产品和服务赢取消费者的好感，令消费者自发地为企业、品牌作宣传，形成口碑效应，最终实现营销目的。

随着流量红利概念的兴起，线上口碑营销越来越受到重视，成为企业、品牌提升知名度和信誉度的利器之一。口碑营销的特点如图 2-11 所示。

- 传播速度快，营销成本较低
- 具有广泛、深远的影响力，长效性强

图 2-11　口碑营销的特点

## 2.5.2　实施口碑营销的"5T"理论

美国著名的口碑营销专家安迪·赛诺维兹曾提出一个经典的口碑营销理论——"5T"理论。根据"5T"理论的核心含义可知，口碑的有效传播与五个"T"息息相关，即 Talkers、Topics、Tools、Taking Part、Tracking，如图 2-12 所示。

图 2-12　"5T"理论

◆ "5T"理论之"谈论者"

在实施线上口碑营销的过程中，首先要确认"谈论者"群体，即自动自发地传播品牌、产品正面信息的线上用户。他们可能是品牌最忠实的用户，也可能是过往有过购买记录，且产生不错的购买体验的消费者。企业要和这一群"谈论者"展开深入、积极的沟通，赢取他们的信任，让他们成为品牌的代言人。

当然，品牌也可以积极地和各平台上的社交达人、关键意见领袖合作，让他们通过发布表达真实使用感受的图文或视频内容的方式去宣传品牌和产品。

◆ "5T"理论之"话题"

要想顺利实施口碑营销，除了要确定"谈论者"，还需要设置一系列话题，以吸引线上用户的注意，赢取更多流量。比如，一些营销者在利用新浪微博做营销时，会在发布微博的时候附带话题，以提高微博的讨论度，增加阅读量，从而更好地推广品牌。

需要注意的是，设置的话题最好与热点挂钩，新鲜有趣，贴近人们的生活。总之，有价值、有讨论度的话题才能吸引更多线上用户的关注。

### ◆ "5T"理论之"工具"

想要带动话题的快速传播，还要借助相关推动工具。口碑营销的工具可以是社交媒体平台及平台附带的功能（如小红书平台的"评论互动""分享心得"功能等），也可以是企业、品牌自主研发的小程序，这些工具都能加速品牌话题、品牌信息的快速传播，扩大品牌影响力。

### ◆ "5T"理论之"参与"

实施口碑营销时，品牌和线上用户双方的参与度都是重中之重。具体而言，要深入参与营销过程，积极发布与品牌、产品相关的内容，与用户积极互动，鼓励用户谈论品牌、产品信息，并及时给予反馈。总之，企业或品牌唯有先深入参与营销过程，才能获得线上用户的好感，从而大幅提升线上用户的参与度。

另外，还可以通过设置"产品试用""小样赠送""晒单有礼"等促销手段去吸引用户的参与、评论。

### ◆ "5T"理论之"追踪"

口碑营销的最后一环是追踪了解消费者的购买体验、使用体验。这一环节中，要积极收集消费者的反馈、意见，并根据这些反馈、意见来调整营销策略，加强产品品质检测。

## 2.6 借势营销：巧借"东风"，提升成交量

借势营销是重要的市场营销手段之一，行之有效的借势营销能有效提升品牌的认知度和影响力，从而大幅提升产品成交量。

### 2.6.1 借势营销的注意事项

借势营销指的是借助外部力量和资源来吸引消费者的关注，或创造令消费者喜闻乐见的环境，使消费者在潜移默化中接受品牌理念、增强品牌好感度。

利用借势营销宣传品牌、推广产品时，需要注意以下几点，如图 2-13 所示。

| | |
|---|---|
| 拒绝盲目借势 | 及时抢占先机 |
| 确保系统有效 | 确保正规合法 |

图 2-13　借势营销的注意事项

◆ **拒绝盲目借势**

在借助外部势力来推广品牌时，首先要注意己方所借助的"势"要与品牌形象、理念或产品产地、性能等方面联系紧密，给消费者以理所当然之感。不要为了刷存在感而胡乱借势、盲目蹭热点，否则只会引起消费者的反感。

其次，要找到外部力量与品牌、产品的最佳结合点，从这一点切入实施借势营销，才能达到预期的营销效果。

◆ **及时抢占先机**

借势营销很看重时机，尤其是在借助社会热点进行营销的时候更要抢占先机，第一时间发布与热点相关的信息，从而吸引线上用户的关注。如果错过了借势营销的最佳时期，乃至在热点发酵的后期阶段才开始布局，将会大大影响营销的效果。

### ◆ 确保系统有效

在利用借势营销手段推广品牌、产品前,必须先制定一套长期的、系统有效的营销策略(包括借势的方法、创意及意外事件的应对方法、危机应对方案等)。唯有重视品牌的长期营销规划,才能建立起与产品特性、宣传理念等一致的品牌形象,逐渐增强消费者对品牌的好感与信任。

毕竟在具体的借势过程中,企业、品牌所依仗的外部资源随时可能发生变动,如果没有提前做好部署,很可能会因为借势联动的方法、渠道发生改变,导致品牌形象发生变动,给消费者带来割裂感,令消费者丧失对品牌的信任感。

### ◆ 确保正规合法

在实施借势营销的过程中,所采用的一切手段都要合规合法,不伤害消费者的感情,不侵害他人的利益。比如,企业或品牌不得侵犯他人的肖像权、隐私权等。

## 2.6.2 这样做,"玩转"借势营销

成功的借势营销能大幅降低营销成本、提升营销效果,是颇

受企业、品牌青睐的营销手段之一。那么，如何做，才能"玩转"借势营销呢？可参考以下几点，如图2-14所示。

- 借助热点事件，达到营销目的
- 借助"特定日子"，实施营销策略
- 借助名人效应，令品牌形象深入人心

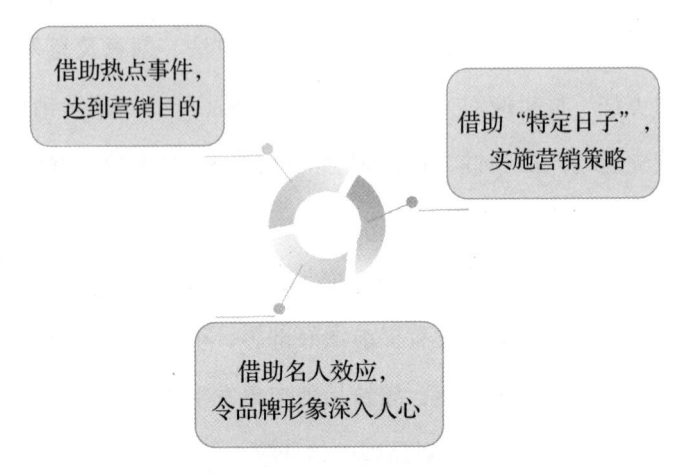

图2-14 "玩转"借势营销的方法

### ◆ 借助热点事件，达到营销目的

借助社会热点事件进行营销是最常见的借势营销手段之一。热点事件自带流量，通常很容易引起大众的关注和讨论。营销者首先要及时跟进热点，找出自家企业、品牌与热点之间的联系，敏锐地抓住借势营销的时机。而在借势营销初见成效后，也要积极地参与消费者的讨论或提供有价值的见解，以此扩大影响力。

### ◆ 借助"特定日子",实施营销策略

在"特定日子"到来时,商家纷纷推出各种营销文案,举办营销活动,以吸引消费者的关注。这同样属于借势营销的内容之一,即借助"特定日子"进行营销,如图2-15所示。

- 端午节、中秋节、春节等传统节日
- 圣诞节、情人节等西方节日
- 世界粮食日、读书日、邮政日等特殊的节日
- "618"、"双11"、年货节等电商网站推出的购物节

图2-15 "特定日子"

比如,2022年的世界读书日(4月23日),京东联合知名作家、诗人推出一部充满情感温度的宣传片,呼吁人们保持良好的阅读习惯,同时发起"京东图书问你买书"活动,这些营销手段大获好评,并大幅提升了京东图书销售及阅读平台的知名度。

### ◆ 借助名人效应，令品牌形象深入人心

在借势营销中，借的"势"也可以是名人效应，即利用信誉度较高的公众人物为企业、品牌宣传。营销者可以请名人或行业权威人士为品牌代言，如出席品牌发布会，发布宣传广告等。

利用名人的影响力和号召力，可以塑造品牌良好的形象，赢取消费者的好感与信赖。

## 2.7 跨界营销：优势整合，为品牌发展增势赋能

在新媒体时代，跨界营销是应用频率最高的营销方式之一，能有效塑造品牌的多面形象，为品牌发展增势赋能。

### 2.7.1 实施跨界营销的目的

跨界营销指的是不同企业、品牌结合双方优势、特点等进行联合营销的一种新型营销方式。要想实施跨界营销，就要打破传统的营销思维和模式，积极寻找合作互补的伙伴，携手共同开展营销活动。

简单而言，实施跨界营销具有以下目的，如图 2-16 所示。

- 拓宽传播渠道，吸引不同类型消费者的关注
- 为品牌带来新面貌，多维度重塑品牌形象
- 资源互补，产生"1+1＞2"的效果

图 2-16　实施跨界营销的目的

## 2.7.2　跨界营销的常见方式

随着市场竞争越发激烈，很多企业、品牌选择跨界合作，以此实现优势整合，助力品牌发展。

生活中，跨界营销的常见方式如图 2-17 所示。

跨界营销的常见方式：
- 基于渠道的跨界合作
- 基于产品的跨界合作
- 基于内容的跨界合作

图 2-17　跨界营销的常见方式

### ◆ 基于渠道的跨界合作

不同企业或品牌可在渠道层面上进行跨界合作,即整合渠道优势,实现渠道共享,以扩大消费群体,提高产品销量。比如,某国货彩妆品牌携手小红书 App 开展渠道跨界合作,借助小红书的渠道优势发布多场宣传活动,均取得令人满意的效果。

### ◆ 基于产品的跨界合作

不同企业或品牌也可在产品层面上进行跨界合作。这些品牌可能扎根于不同行业,也可能是国内外的品牌。

另外,品牌还可以和知名 IP、相关名人合作,推出颇具创意的产品以提升营销效果。

### ◆ 基于内容的跨界合作

基于内容的跨界合作也是常见的跨界营销策略之一。所谓内容跨界,指的是跨界合作的企业、品牌双方共创具有感染力的内容,以内容打动消费者。

【社交实战】

## 巧跨界，增强营销效果

跨界营销的实施效果总是不如预期，这让很多营销者苦恼不已。那么，如何做才能增强营销效果，产生营销预期效果？不妨参考以下方法。

- 跨界之前，先审视自身。

营销者在进行跨界营销前，不妨针对品牌自身做一番调查，包括品牌定位、特点、优势、劣势等，只有先对己方有清晰的认识，才能找到并抓住关键的跨界机会。

- 慎重选择跨界对象。

跨界合作的对象不能盲目选择，否则非但不能达到合作共赢的目的，还可能适得其反。

首先，合作的企业、品牌双方最好能优势互补，共享渠道和资源；其次，合作双方最好在某些方面（如市场影响力、消费群体、品牌理念等）拥有共性，如此才能产生强强联合的效果。

- 保持趣味性。

跨界营销中,合作双方的企业、品牌无论是推出联合产品,还是共同开展营销活动,都要保证一定的趣味性,时刻给消费者带来新鲜感,这样才能持续吸引消费者的关注。

# 第 3 章

# 精准转化：步步为营，变现为王

［　　品牌营销的目的是吸引更多流量，获取关注度，从而引导消费者购买产品，实现变现。因此，品牌需要精准营销，找到目标消费者，深入宣传，促使消费者购买产品，实现营销闭环。　　］

## 3.1 明确产品定位，精准用户画像

在如今的市场中，做好产品定位和用户画像已经成为品牌营销的重要环节。品牌通过明确产品定位和细化用户画像，可以更好地满足目标用户的需求，提高产品的市场竞争力。

### 3.1.1 明确产品定位

产品定位是指品牌将产品的属性、功能、外观、特色等基本信息与目标用户的需求相匹配的过程。企业或品牌要想锁定目标用户，实现精准营销，扩大销量，首先要找准产品的基本定位。

产品定位的第一步就是要明确产品的基本属性，即产品以怎样的形态出现，是有形的（冰箱、书籍等），还是无形的（健康、娱乐等）。

其次，品牌要明确产品的基本功能，即产品能为消费者提供哪些便利、效用等，包括产品特性、寿命等。比如，某公司推出的某款数码相机可用来拍照、摄像，寿命为5～8年。

再次，品牌要明确产品的特色，根据产品特色进行差异化营销，突出产品特点。产品特色主要通过产品的风格和调性来展现。产品风格是指从整体上看产品所呈现出的显著的、具有代表性的特点。产品的调性是指产品所呈现的价值观和态度，以及产品给人的感觉，如文案、图片的风格、视频的类型等。

最后，在明确产品定位时，需要充分考虑目标用户的需求和期望，以及市场的竞争情况，从而确定产品的差异化竞争优势，以吸引目标用户的注意力。

### 3.1.2 精准用户画像

用户画像是指对目标用户的基本信息、习惯、喜好、需求等方面进行深入了解和分析，以便更准确地定位和满足目标客户的需求。

用户画像主要包括用户的年龄、性别、教育水平、收入、所在地、生活追求、兴趣爱好等多方面的内容。根据这些内容做市场调研，可以了解产品购买者之间的共性，确定目标群体的范围，形成准确的用户画像,更准确地把握目标客户的需求,进而开展精准营销。

品牌可以根据产品的价位、主要功能等信息确定主要消费群体的范围。比如,美妆产品的主要用户一般以青年消费者为主,集中在一二线城市,月均消费水平较高。这些消费者更注重产品的质量,希望产品能够具有护肤、美白、保湿、抗老等功效。

用户画像的结果会影响营销平台的选择。如果目标消费群体是以青年为主,那么其主要营销平台就应当选择微博、小红书等青年群体聚集的平台。如果是以中年消费群体为主,那么可以选择抖音、快手等中年人聚集的短视频平台。

在确定目标用户后,品牌要根据目标用户的审美特点和消费偏好突出产品特色,以获得目标用户的关注和喜爱。品牌还可以通过介绍产品特色来展示产品的独特性,让产品拥有区别于其他产品的独特价值。

【社交实战】

### 绘制用户画像,就是给用户打标签

对于营销者而言,绘制用户画像不仅有助于产品的精准营销,还能帮助优化产品设计,使其能从同类产品中脱颖而出。

而绘制用户画像的过程，无异于给用户打标签的过程。主要可分成以下几类标签：

- 自然属性类标签，包括性别、年龄、家庭住址等。
- 社会属性类标签，包括行业类型、工作性质、收入情况、婚姻状况等。
- 个性特质类标签，包括性格、兴趣、爱好等。
- 行为模式类标签，包括行动轨迹、消费习惯、使用频率等。
- 痛点类标签，包括购物体验痛点、产品使用痛点等。

## 3.2 选择合适的营销平台

营销平台是品牌进行营销活动的主阵地,对营销活动的开展和后续的效果都有重要影响。只有选择适合产品的营销平台,才能让产品的营销推广被更多目标用户看到,实现营销变现。

### 3.2.1 锁定营销平台,实现精准营销

品牌常用的营销平台有社交平台、社区平台、短视频平台、新闻平台等,如图3-1所示。

这些平台用户范围广、数量多,品牌可以结合不同平台的特点开展针对性营销。

比如,微博是一个以内容为核心的社交媒体平台,用户在微博上可以轻松分享和转发信息。品牌可以通过发布图文、视频、

直播等多种形式推广产品。

社交平台：微信、QQ、微博、小红书等
社区平台：豆瓣、知乎、头条号等
短视频平台：抖音、快手等
新闻平台：今日头条、搜狐等

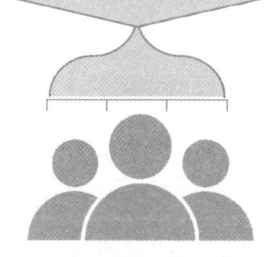

图 3-1　常见社交媒体平台

抖音是一个以短视频为主的社交媒体平台，品牌可以通过制作有趣的短视频吸引用户的关注，以此宣传品牌形象，推广产品。

可见，品牌在进行营销时，应根据自身产品和受众特点选择合适的平台，并不断调整营销策略，以提高产品的曝光度，吸引目标群体购买产品。不同社交媒体平台的营销策略如图 3-2 所示。

|  |  |
|---|---|
| 微信 | 利用知名账号为品牌宣传，提高品牌的知名度、美誉度；通过社群营销推广品牌。 |
| QQ | 通过即时聊天开展社群营销，介绍品牌信息，"种草"品牌产品。 |
| 微博 | 借助"头部"博主发布品牌信息和营销活动信息，为品牌营销活动造势。 |
| 拼多多 | 区域下沉，精准定位用户群体，通过单个产品的社交拼团实现品牌信息的裂变式传播。 |
| 小红书 | 借助知名博主的高质量内容推荐，宣传品牌价值，帮助品牌树立真实、良好的口碑。 |
| B站 | 聚焦年轻消费群体，借助"UP主"输出品牌相关内容，吸引潜在消费者。 |
| 豆瓣 | 让品牌信息渗透不同社区，通过社群讨论和沟通宣传品牌，提高品牌美誉度。 |

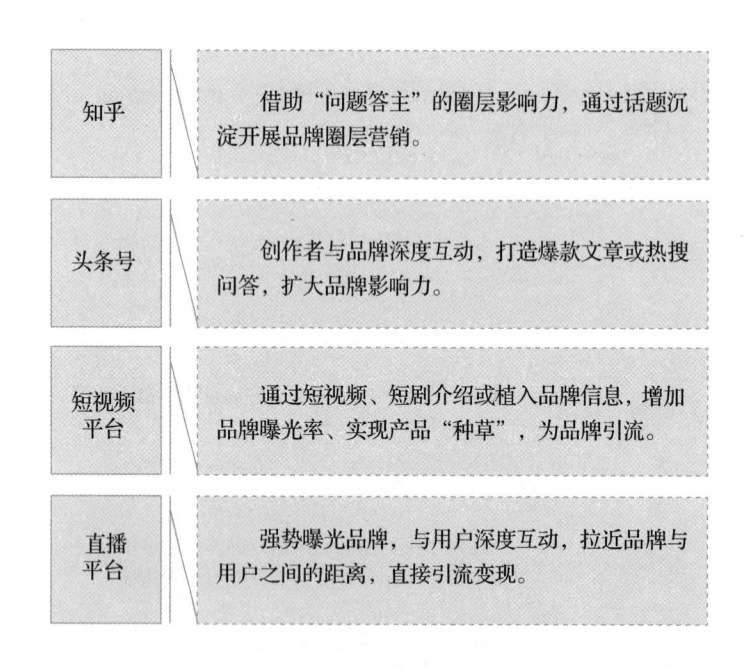

|  |  |
|---|---|
| 知乎 | 借助"问题答主"的圈层影响力,通过话题沉淀开展品牌圈层营销。 |
| 头条号 | 创作者与品牌深度互动,打造爆款文章或热搜问答,扩大品牌影响力。 |
| 短视频平台 | 通过短视频、短剧介绍或植入品牌信息,增加品牌曝光率、实现产品"种草",为品牌引流。 |
| 直播平台 | 强势曝光品牌,与用户深度互动,拉近品牌与用户之间的距离,直接引流变现。 |

图 3-2　常见社交媒体平台的营销策略

## 3.2.2　多平台整合,搭建营销矩阵

多平台整合营销,搭建高效便捷的数据阵地,能够达到和产品的受众群体进行实时而高效的交流互动及全面传播品牌、产品信息的目的,这能极大地提升品牌、产品的知名度和美誉度。

关于多平台整合的营销策略如图 3-3 所示。

了解不同平台用户的特点、喜好、消费习惯，以此为基础制定多平台营销策略。

同时运营品牌官网及相关社交平台、社区平台、短视频平台账号，整合资源，打通渠道，形成一个完整的宣传体系。

在多个平台上运营多个品牌账号时，保持品牌形象、理念的一致性；同时向所有平台用户提供高频率的、高质量的互动体验。

关注营销反馈，了解哪些平台营销效果较好，哪些不如人意，有针对性地调整营销策略，以提升整体的营销效果。

图 3-3 多平台整合的营销策略

【营销案例】

## 某鲜花品牌的微博营销

某鲜花品牌以定制花束为卖点，其品牌定位是轻奢型的艺术花卉。根据品牌定位，该品牌将目标用户定位为有一定消费能力的年轻女性，因此，在宣传初期，该品牌选择在年轻女性居多的微博平台进行营销。

该品牌在微博上以"故事订花"方式进行花卉的私人定制，消费者将自己的故事和诉求告诉品牌，品牌依据消费者的故事和诉求制作出相应的花卉，并将故事分享出来。

该品牌依靠多样的情感故事和独一无二的花卉制作吸引了大批女性消费者，打开了定制花卉的市场，也为品牌吸引了一批用户。该品牌结合品牌定位、产品特点，选择了合适的营销平台，采用故事营销方式吸引目标用户群体，最终实现了营销目标。

营销平台的选择需要多方考量，既要考虑到品牌和产品的特点，也要考虑到平台的特点，将这两方面相结合，才能选择出最合适的营销平台。再结合目标用户群体的审美喜好，选择适合的营销方式，最终实现营销目标，吸引目标用户群体，扩大品牌知名度，提升产品销量。

## 3.3 构建社群,打造高质量的私域流量池

通过社群营销,品牌可以精准地找到目标消费者,将营销内容传播给目标消费者。而且,品牌通过与社群成员的互动,能够加深成员对品牌的好感度和信任度,从而形成私域流量池,扩大品牌影响力。

### 3.3.1 社群营销与私域流量

从广义上讲,社群是在某些领域内存在的社会关系,如因为某些需求或爱好而聚集在一起的人。随着互联网的发展,网络社群的数量不断增多、影响力逐渐扩大,逐渐成了互联网营销的主阵地,社群营销由此诞生。

相较于传统的营销方式,社群营销成本较低,操作方法简单,

只需要品牌在社群进行产品的推广宣传即可，可以节省营销费用。现如今，社群营销已经成了营销的必备手段，是品牌宣传产品、拓展业务、吸引消费者的主要方式。

社群营销是打造私域流量池的主要方式。社群中包括产品用户、品牌的合作伙伴和品牌粉丝，甚至是朋友、家人等。在社群中进行产品推广，可以在短时间内吸引更多目标用户，扩散产品信息。社群营销拉近了消费者与品牌的距离，完成了私域流量池的构建，让营销更有说服力，提高了营销的成功率，有利于产品推广，具有其他营销方式没有的价值。

### 3.3.2 社群的构建

想要构建社群，首先要有清晰的社群定位。品牌要明确社群的类别、特点、目标人群。根据社群的定位寻找目标人群，这样才能让社群有特定属性，以加强社群成员的归属感。

社群定位的核心是目标群体的定位。首先，品牌要根据产品的主要消费群体来确定社群的主要目标群体。其次，品牌要有重点地寻找目标群体，并使之加入社群。这样能将社群的影响最大化，实现对目标消费群体的精准营销。最后，品牌要根据目标群体的特点选择适合的平台构建社群，如QQ群、微信群、豆瓣小组等。品牌要选出特定的社群管理者来负责社群的运营工作。社群管理者要确定社群的名称、头像，并负责制定社群的基本规则和组织相关活动。

### 3.3.3 社群的运营

社群建立后，社群管理者需要运营社群，保证社群的基本活跃度。社群管理者可以组织一些活动，如签到打卡等。可以设置一些福利，如连续签到满100天送品牌优惠券等。社群管理者还也可以发起一些趣味游戏，让群成员参与其中。

社群管理者还需要定期在群内发布品牌相关内容，如文章、视频等，引导消费者购买产品。社群成立的最终目的，是实现产品营销，将流量转化为产品销量。

另外，社群管理者需要想办法吸引更多的目标用户加入社群，这样才能够让社群发展壮大。比如，与一些有影响力的"意见领袖"合作，宣传社群，引导更多消费者加入社群。

社群的功能是社交，人们在社群中交流沟通，可以增加社群活跃度。社群管理者可以进行引导，让群成员积极参与讨论。社群活跃度提高后，社群的影响力也会随之扩大，可以吸引更多人加入。

## 3.4 "花式宠粉",巩固流量

品牌通过粉丝扩大知名度,提高产品销量,是粉丝营销的目的。为了达到营销目的,品牌需要使用多种方式"宠粉",巩固流量,扩大粉丝规模。

### 3.4.1 了解粉丝需求

品牌要做到"花式宠粉",就要关注粉丝的感受,了解粉丝的反馈,为粉丝提供便利和福利,满足粉丝的需求,帮助粉丝解决问题。这样品牌才能提高已有粉丝的粘性,提高和巩固品牌流量。

故宫在创新文创产品冰箱贴时,参考粉丝的意见,推出了"冷宫"冰箱贴。"冷宫"冰箱贴符合冰箱的特点,创意有趣,上线后广受好评。故宫文创的这一做法,既满足了粉丝的需求,又推出了有趣的产品,是"宠粉"与营销推广的双赢局面。

由此可见,品牌适当听取粉丝的意见,满足粉丝的需求,往往可以更受欢迎。因为粉丝也是消费者,有时候,粉丝的诉求就代表了许多消费者的诉求。听取粉丝诉求,可以帮助品牌获得消费者的认可。

### 3.4.2 与粉丝互动

品牌要想提高粉丝粘性,就要不断与粉丝互动,提高粉丝群的活跃度,让粉丝感受到品牌的热情。

电子科技品牌小米在创立之初就成立了"米粉社区",寻找对品牌感兴趣的"发烧友"。在新产品推广之前,小米还会在粉丝群中进行产品内测,询问粉丝意见,力图把产品做得更好。在新品发布时,小米会在线上同步直播发布会,让粉丝充分参与,还会在现场抽取礼品赠送给粉丝。小米这样做体现了品牌对粉丝的重视程度,也提升了粉丝对品牌的信任度。

除了提高粉丝的参与度之外,品牌还可以通过在评论区回复粉丝、为粉丝发放福利等多种方式"花式宠粉",让粉丝感受到品牌的真诚,提升粉丝的满意度。

### 3.4.3 建立粉丝群

在吸引到一定量的粉丝之后,品牌可以建立粉丝群,留住粉丝,实现长远的粉丝营销。

建立粉丝群之后,品牌需要对粉丝群进行管理,如设立群规、规定粉丝群人数、组织粉丝群活动等,以此维护粉丝群,提升粉丝群的活跃度,方便消息发布。

之后,品牌就可以根据粉丝群的特点发布品牌消息和产品信息,实现深入营销。同时,品牌也要在粉丝群中发放福利,为粉丝提供优惠,巩固粉丝数量,吸引更多粉丝加入。

除此之外,品牌还可以与粉丝互动,询问粉丝的意见,了解粉丝的消费需求,及时形成反馈信息。这样,品牌就可以根据粉丝的意见改进产品,让产品更能满足消费者的需求。

## 3.5 打通"线上+线下"营销渠道,实现营销闭环

品牌可以通过线上和线下引流的结合,将线上与线下的活动联系起来,形成一个营销闭环,扩大营销的范围,提高品牌影响力。

### 3.5.1 "线上+线下"的营销优势

线上营销和线下营销相结合,能够更高效、更精准地推广和营销产品。比如,很多电商选择在线下开实体店,而实体店则开通了线上账号,这正是线上和线下营销相结合的体现。

零售品牌盒马鲜生不仅在线下有门店,在线上也可以通过淘宝、饿了么等平台购买商品。盒马鲜生通过线上和线下结合的方式,拓展了品牌的发展路线,增强了品牌的知名度,形成了营销

闭环。

品牌可以通过线上平台准确了解目标消费者的偏好，以此为基础，制订严谨的产品销售计划，同时在线下实体店积极开展活动，更好地满足消费者的购物需求。

## 3.5.2 常见的"线上+线下"营销方式

线上营销主要表现为社交媒体营销，营销策略多种多样。线下营销包括门店营销、活动营销等。常见的"线上+线下"营销方式有以下几种。

线上发起活动+线下门店消费。比如，品牌可以在线上发起活动，引导消费者在线下进行消费，并在社交平台分享购物经历。对于晒出购物经历并给出好评的消费者，品牌可以给予消费者一定的奖励。这样可以鼓励更多人去线下消费并在线上平台分享。

线下活动借助线上营销提升知名度。比如，品牌在开办线下活动时，可在官方微博、微信公众号上发布活动信息，鼓励消费者转发活动内容，达到宣传线下活动、扩大受众人群的目的。

线上促销产品借助线下体验营销提升消费者好感度。比如，品牌在线上开展产品促销活动时，可以在线下开设一些快闪店、体验店等，邀请用户进店体验、试用，以此提高消费者对产品的好感度和信任度。这种线上线下联动营销的方式往往能收获奇效。

## 3.6 营销、引流的最终目的是变现

品牌乃至个人 IP 进行营销活动的最终目的是实现盈利，否则，就算营销活动开展得再好，吸引的流量再多，也无济于事。只有实现了盈利，才能真正完成商业闭环，使品牌有更好的发展。

### 3.6.1 企业或品牌以特色产品引爆销量

营销的目的就是获取流量和变现。当企业或品牌拥有了流量时，也要有变现的能力。而要想通过营销、引流实现变现，需要企业或品牌发挥自身优势，结合消费者特点，推出特色产品，从而吸引消费者购买产品，实现引流变现。

如果品牌能够推出爆款产品，也能够吸引大量消费者，实现营销和引流变现。而且，爆款产品自带热度，能够帮助品牌扩大

知名度，提高流量，这样就能够形成一个螺旋上升的循环。

品牌可以利用爆款产品的热度推出更多受欢迎的产品，从而实现引流变现。

瑞幸咖啡在深入调查中国青年消费群体的口味偏好之后，推出了"生椰拿铁"口味咖啡。这款咖啡将生椰的甜与咖啡的苦巧妙融合，形成了一种奇妙的口感，一经推出就深受大众喜爱，成为年度现象级产品。瑞幸依靠"生椰拿铁"口味咖啡扩大了品牌知名度，吸引了更多消费者购买产品。

与此同时，瑞幸还借着"生椰拿铁"的热度，接连推出了多款新产品，不断吸引消费者购买，这样就形成了一个良好的营销氛围，既扩大了品牌的知名度，也提高了产品销量。

### 3.6.2　个人 IP 的变现之路

打造个人 IP，不断输出高质量的内容，提升粉丝数量，这一切也是为了后期的盈利、变现。对于个人 IP 而言，变现方式主要有以下几种。

◆ 广告变现

广告变现主要有两种方式：一是通过自己的账号播放平台广

告（主要是平台与企业、品牌合作接的商业广告），获取平台给予的广告补贴；二是直接与企业、品牌合作，通过自己的账号播放企业、品牌广告，收取企业、品牌给予的广告报酬。

◆ **带货变现**

带货变现主要包括短视频带货和直播带货。短视频带货包括直接测评（直接拍摄测评视频）、剧情植入（拍摄视频前先撰写脚本，在脚本中巧妙地插入产品广告）等方式。直播带货目前也很火，具体做法是在直播间里直接向用户推荐产品。

◆ **知识付费**

一些拥有专业技能的个人IP，可以通过知识付费的方式获取收益，实现变现。其变现方式多种多样，比如，可以在百度知道、知乎、微博等平台上进行问答变现；可以在B站、知乎等平台上进行课程变现；等等。

# 第 4 章

# 微信、QQ、微博营销：推广营销的主阵地

在互联网快速发展的今天,涌现出众多优秀的社交平台。其中,微信、QQ、微博以其庞大的用户数量和强大的社交影响力成为品牌宣传推广的主阵地。充分利用这些平台的优势,可以有效地实施推广营销策略,让品牌或个人获得更多的曝光和更大的影响力。

## 4.1 数字化时代的微信营销优势

在科技飞速发展的数字化时代，微信成为智能手机中不可或缺的社交应用程序。随着微信的广泛使用，在微信上开展社交营销成为数字化时代新型的营销方式，具有独特的营销优势。

### 4.1.1 用户群体庞大

微信拥有数以亿计的用户，用户群体庞大，覆盖面十分广泛。微信用户涵盖各个年龄段的人群，上至退休的老年人，下至刚刚步入社会的年轻人。微信用户身处各个领域，各行各业的人都活跃在微信上。

通过微信开展社交营销，可以直接触达庞大的潜在客户群体，实现广告宣传的精准投放，提高曝光率和转化率。

### 4.1.2 精准定位营销

微信社群可以聚集具有相同特征的用户，如具有相同兴趣或爱好的用户、具有共同目标的用户等，这使得企业可以精准定位用户群体，实现精准营销。

同时，微信营销可以根据用户的地理位置信息，进行定位推送。企业可以针对不同地区的用户推送不同的广告和优惠信息，实现地域精准营销。

### 4.1.3 互动性强

微信提供了多种互动功能，如朋友圈、群聊、公众号互动等，并且互动消息时能够及时提醒，这让企业在开展各种营销活动时可以实时与用户进行互动和沟通，从而提高用户的参与度。同时，通过与用户的互动，企业可以更好地了解用户的需求和反馈，进而调整营销策略，提升用户满意度。

### 4.1.4 提供数据分析与跟踪功能

微信平台提供了丰富的数据分析工具，可以实时了解用户行为、点击率、转化率等数据。通过数据分析，企业可以及时调整营销策略，实现更好的营销目标。

## 4.1.5 成本低，效率高

微信平台本身是免费的，因此企业在利用自身账号通过微信社群、个人朋友圈或公众号进行推广宣传时无须支付任何费用。虽然创建微信小程序或利用微信平台发布广告需要支付一定的费用，但相比于传统的地推或广告宣传方式，微信营销成本更低。

总体而言，微信营销具有较高的效率。只需一台联网的智能手机，就可以随时随地通过微信公众号、朋友圈或小程序等进行推广宣传，开展微信营销。

## 4.2 借助企业微信，提升客户转化率

企业微信是企业版的微信，企业微信能够收发微信消息，并能与小程序、微信支付之间互通。通过企业微信能够更方便地与客户沟通，帮助企业与客户建立更紧密的联系，从而实现客户转化率的提升。

### 4.2.1 利用企业微信活码获客拉新

通过企业微信可以创建员工活码和群活码，方便企业获客拉新。

◆ 员工活码

员工活码通常为一个二维码，消费者扫描该二维码后无须经

过确认即可与企业员工成为好友。营销者利用员工活码可设置自定义欢迎语，同时还可自动为客户标注来源标签，方便将来针对不同来源的客户进行分类营销。

◆ 群活码

使用群活码十分便捷，用户扫码即可入群，在群满员后会自动切换到下一个群。

另外，通过企业微信创建的群活码是永久有效的，这不仅为企业的私域引流活动提供了更长久的支持和稳定性，也能够增强用户的信任感和参与意愿。

### 4.2.2 批量群发消息，提升营销效率

企业微信包含群发助手功能，通过该功能，企业可以更方便地管理自己的客户群体，按照用户标签或分组，选择特定的目标群体进行消息发送。这种精准的定向营销可以确保消息传达给真正感兴趣的受众，增加消息被阅读和响应的可能性，从而提升营销效率和用户互动体验。同时，批量群发消息也能够节省时间和人力成本，提高工作效率。

### 4.2.3　生成用户画像，实现精细化营销

企业微信的标签管理功能为生成用户画像提供了便利。企业可以根据不同的标签对用户进行分类，如根据性别、年龄、地域、兴趣等分类。通过标签管理，企业可以更加细致地了解不同群体的特点和需求，从而有针对性地推送信息并进行营销活动。

此外，企业微信还可以与其他数据源进行整合，进一步丰富用户画像。比如，对用户打开链接的频次、活动参与的活跃度、消费数据等进行整合，可以形成更全面的用户行为轨迹，描绘出更准确的用户画像，从而实现精细化营销，进一步提升客户转化率。

### 4.2.4　统计客户数据，进行营销数据分析

企业微信提供的客户数据管理功能为营销数据分析提供了丰富的数据来源。通过追踪客户在企业微信平台上的互动行为，如浏览、点击、回复等，企业可以收集大量有价值的数据，从中发现客户的兴趣、购买行为和消费意愿。这些数据可以帮助企业更加深入地了解客户，为其提供更具个性化和定制化的服务及产品，为进一步提升客户转化率提供支持。

## 4.3 微信小程序营销指南

随着移动互联网的快速发展,微信小程序成为企业在数字营销领域的重要利器。微信小程序免安装、易传播等优点不仅为用户提供了便捷的应用体验,也为企业搭建了一个全新的营销平台,其多样的营销方式,让营销者可以实现高效的市场推广。

### 4.3.1 线上展示商品

企业通过微信小程序可以搭建完整的线上商城,展示商品的图片、价格等详细信息,方便进行线上营销。用户通过微信小程序可以浏览企业的所有商品并进行购买。

### 4.3.2 线上组织活动

企业可以通过微信小程序发起各类营销活动，如线上直播、拼团、支付送礼、签到得积分、抽奖等，用户可以通过小程序报名参与。

### 4.3.3 个性化推荐

通过微信小程序，企业可以查看消费者的浏览历史和购买记录，并以此实现个性化推荐，提升消费者的购物体验与满意度，并提升品牌的销售额。

### 4.3.4 搭配其他线上渠道开展营销

通过在微信好友、微信朋友圈、微信社群、微信公众号等多种线上平台分享小程序的二维码或链接开展营销，可以增加小程序的曝光量，实现用户裂变式增长。

## 4.3.5 整合线上线下开展营销

企业可以联合微信小程序与线下门店一起开展营销活动，利用微信小程序易传播的优势扩大营销活动的曝光量，从而有效提高线下门店的知名度、客流量。

比如，在微信小程序中设置线下门店导航、实时库存查询等功能，方便用户了解门店位置及商品情况。同时，可以通过小程序发布线下门店的特别优惠、促销活动等信息，吸引用户到店消费。

## 4.4 如何运用微信公众号实现精准引流

微信公众号作为一个强大的社交媒体平台，为品牌和企业提供了一个优质的渠道，可以实现精准引流，吸引潜在客户，并提高品牌知名度和销售业绩。那么，如何运用微信公众号实现精准引流呢？

### 4.4.1 明确目标受众

明确了目标受众，才能根据目标受众的年龄、性别、兴趣爱好、消费习惯等制定推广内容和引流策略，制作出符合受众喜好的内容，为公众号引流。

## 4.4.2 制作优质的内容

在内容为王的时代，优质的内容才是吸引用户的关键。只有根据目标受众的兴趣、需求等发布有价值的、优质的文章或视频，才能吸引目标受众阅读文章并关注公众号。

这里重点分析一下如何撰写一篇好的微信公众号文章。

（1）挖掘热点，明确主题。热门话题常常自带流量，在开始写作之前，关注时事热点、社会现象、行业动态等，从中挖掘出与公众号定位和读者兴趣相关的内容，并以此作为文章主题，吸引用户关注和阅读。

（2）吸引人的标题。好的标题能在传达文章主旨的同时吸引读者。公众号文章的标题应尽量生动，也可以采用疑问、夸张等句式引起读者注意，勾起读者的好奇心，让读者有点开阅读的欲望。

（3）让人有所收获的内容。内容是文章的核心，优质的内容往往或有趣或观点独特或传授知识，总之，能让人有所收获。

（4）图文并茂、排版布局合理。图文并茂的文章更有吸引力，布局合理的排版让人阅读起来更轻松。要想呈现出令人感到舒适的排版样式，就要关注文字的颜色、间距、段落等细节，如图4-1所示。

正文文字以15～16字号为宜

行间距选用1.5倍行距

文字颜色可以采用令人舒适的深灰色

每一段落的行数以3～5行为宜，100字左右

图 4-1　关注文字的颜色、间距、段落等细节

## 4.4.3　及时互动，提高用户参与度

用户活跃度远比用户数量重要，及时互动能极大增强用户的活跃度，提高用户的忠诚度。

在微信公众号发表的内容中引入问答环节、投票环节、调查环节，或提出问题引导读者留言讨论等，都能有效地与用户增加互动。需要注意的是，对于用户提出的问题或评论要及时回复，这样才能提高用户的忠诚度，增强用户粘性。

## 4.4.4 利用节假日开展活动，吸引用户

节假日是开展营销的好时机，营销者可以充分利用节假日开展各种营销活动，如抽奖、答题送礼、发放优惠券、限时折扣、砸金蛋等。活动不仅可以让用户对产品更加了解，还能提高用户的活跃度并吸引新用户。

## 4.4.5 充分利用二维码引导用户关注

在微信公众号的后台可以生成公众号二维码，在发送公众号推文时，可以在文末放置自己的二维码并提醒用户扫一扫进行关注。同时，可以在其他社交平台或官网发布自己的微信公众号二维码，引导用户关注。

除了线上推广，还可以在线下引导用户关注微信公众号。比如，在产品包装、宣传单、赠送的礼品等处印上微信公众号的二维码，引导用户扫码关注。

**【社交实战】**

### 如何将公众号与小程序关联

微信公众号与微信小程序背靠微信平台，相互之间可以实现无障碍跳转，二者相互配合可以形成"引流 + 销售"的一体营销平台，实现"拉新 + 转化"的营销目标，那么在营销过程中应如何关联二者呢？

- 在公众号中关联小程序。公众号是强大的引流工具，想要将流量变现，就要配合小程序，引导消费者在小程序中购买产品。微信公众号可以在公众号介绍页、自定义菜单栏、模板消息等多处加入小程序链接，让用户可以直接跳转到小程序，也可以在公众号文章中加入小程序二维码，引导用户进入小程序购买产品。

- 在小程序中引导消费者关注公众号。营销者可以在小程序中进行设置，在用户下单后，提醒用户一键关注公众号，为公众号积累用户，为下一次营销活动作准备。

## 4.5　QQ 是聊天工具，也是营销工具

QQ 作为一款融合了文字、语音、视频聊天等多种功能的综合性聊天工具，在人们的日常生活中扮演着不可或缺的重要角色。庞大的用户群体以及强大的功能使得 QQ 平台成为卓越的营销渠道，为企业和个人提供了广阔的推广平台。

### 4.5.1　通过 QQ 群，实现精准营销

品牌可以创建官方 QQ 群，邀请老用户或感兴趣的潜在用户加入，通过在群内分享产品信息、促销活动、行业资讯等，与用户建立更紧密的联系。

此外，品牌通过建立官方 QQ 群也能够让用户直接与品牌沟通，帮助用户解决问题并提供反馈，增强用户对品牌的信任感。

## 4.5.2　充分利用QQ邮箱，发送邮件进行营销

QQ邮箱的地址为"QQ号码@qq.com"的形式，因此只需要知道用户的QQ号码，就可以通过邮箱地址向对方发送邮件。

点击QQ的"加好友/群"按钮，在弹出的面板中选择"找群"，就可以根据兴趣寻找相应的群并加入。加入群后，提取群成员的QQ邮箱，通过邮件的方式发送对方可能感兴趣的内容，并在内容中巧妙地加入品牌的信息，从而增加品牌的曝光度。

## 4.6 QQ空间引流：低成本、高收益

QQ空间作为QQ聊天工具的附加功能，拥有着庞大的用户群体。品牌通过在QQ空间发表说说和日志、上传照片，可以分享有价值的内容、新发布的产品等，从而展示品牌形象、传递品牌价值。QQ空间本身免费，品牌利用QQ空间可以实现低成本、高收益的营销。

### 4.6.1 在QQ空间发表说说实时分享动态

用户利用QQ空间中的说说功能，可以轻松地分享自己当下的心情、感悟以及日常生活中的点滴。这一功能为用户提供了一个与朋友互动、交流的平台，同时也为企业和个人进行营销和宣传提供了有力的工具。

QQ空间的说说具有互动性强、内容多样、实时等优点，利用这些特性，品牌可以在自己的QQ空间中发布与品牌文化、价值观相关的说说内容，通过这种方式让用户更了解品牌，强化品牌形象。

同时，利用QQ说说的实时性，可以在说说中宣传品牌举办的活动、促销，吸引用户参与和关注，并与用户实时互动，从而提升活动效果。

### 4.6.2 在QQ空间日志分享高质量内容

品牌可以通过QQ空间日志分享图文并茂的文章，如果文章内容有趣、有价值，并能够帮助到读者，就能引起读者点赞、评论、转发或转载，从而让更多的用户访问到文章，关注到账号，为QQ空间带来流量。比如，服饰品牌可以分享一些日常穿搭的技巧，家居品牌可以分享一些收纳、空间改造技巧等。

说说的内容通常较短，而日志的内容相对较长且更加丰富、有深度。因此，可以将说说作为实时分享工具，一天发布多条；将日志作为日常分享工具，一天发布一条或者两三天发布一条。

### 4.6.3 在QQ空间相册分享图片

图片作为一种视觉媒介,具有直观的传递性。品牌可以充分利用QQ空间的相册功能,进行宣传,开展营销,从而吸引流量。比如,上传产品的高清、精美图片,对产品进行宣传,展示产品的外观、特点、质感等,让消费者更加深入地了解产品,从而增加对产品的兴趣。

此外,品牌在开展活动时,可以将活动的介绍或现场照片上传到相册中,让消费者感受到品牌的用心和活动的现场氛围,从而提升品牌在消费者心目中的形象。

## 4.7 微博的传播特色与营销价值

在众多社交媒体平台中,微博作为中国最具影响力的社交平台之一,不仅具有独特的传播特色,还为品牌和企业提供了丰富的营销价值。

### 4.7.1 微博的传播特色

微博作为一种社交媒体平台,具有许多特色,使其在信息传播方面具有显著的影响力和效果,如图4-2所示。

◆ **传播实时性强**

在微博平台,用户可以随时快速地发布动态,分享新闻、事件、见解等。这些信息能够在第一时间传递给关注者,实现了信息的实时传播。企业可以利用这一特性，在重要活动、新品发布等关键节点迅速发布信息，引发用户关注。

图 4-2　微博的传播特色

◆ **传播范围广**

微博，作为一种微型博客，构建了一个开放的平台。与其他社交媒体不同，微博的用户无须相互添加好友即可轻松浏览对方发布的微博内容。只需要单方面关注对方，便能即刻收取其动态消息。这意味着，用户发布的信息可以被大范围的人群看到，不受社交关系的限制。

◆ **互动性强**

微博平台极大地促进了用户之间的互动。用户可以通过评论、点赞、转发等方式对内容进行回应，与发布者和其他用户展开互动。

◆ **信息内容多样**

微博信息可以包含文字、图片、视频、音频等多种形式，这种多样性的媒体形式丰富了信息的呈现方式，能够更好地吸引用户的注意。

### 4.7.2　微博的营销价值

在诸多社交营销阵地中，微博凭借着在社交互动、信息传播等方面的出色表现成为主流社交营销平台之一，展现出丰富的营销价值。

◆ **低成本实现品牌传播**

微博的营销成本相对较低。通过撰写有趣、富有创意的内容或开展相应的活动（如转发送礼活动），企业或个人可以轻松地吸引用户的注意，实现曝光。此外，微博用户的点赞、评论、转发能够扩大信息的影响范围，实现高效的品牌传播，帮助树立品牌形象。

与此同时，微博的付费广告、推广等选项也提供了低成本高曝光的机会，从而让不同规模的企业都能够在有限的预算内获得更广泛的传播效果。

◆ 利用名人效应扩大营销

在微博上，众多明星、大V、行业专家等都拥有大量的粉丝，其内容和言论具有巨大的传播力。品牌可以与这些名人合作，共同推出营销活动，从而迅速扩大品牌的影响力。名人的参与和宣传，能够吸引用户的关注，使品牌信息得到更广泛的传播。

◆ 利用热门话题开展营销

微博提供了热门话题、热门搜索等榜单，微博用户常常以热门话题为导向进行互动和讨论。企业可以借助热门话题，将品牌与热点事件联系起来，吸引用户的关注。

◆ 利用舆论引导解决危机

微博在舆论引导和危机管理方面也具有重要价值。当企业面临形象危机时，可以通过微博发布官方声明、回应争议，以塑造积极的品牌形象，保护品牌声誉。

<<< 社交营销：传播推动流量

比如，某手机品牌被投诉存在质量问题，这一消息引起了消费者的关注。该手机品牌不仅快速地处理了用户的投诉，还在微博上发布公开声明，承诺会积极查找问题并解决问题，以保证产品的质量。该手机品牌在微博上的公开表态体现了对质量问题的高度重视，最终凭借诚恳的态度重新赢得了消费者的信任。

【营销案例】

利用热门及自创话题带动餐饮营销

2023年世界杯期间，某知名餐饮品牌作为此届世界杯的官方赞助商之一，多次借助世界杯这个热门话题，在微博上与网友互动、宣传新品。世界杯结束后，该品牌持续利用自创微博话题"深夜开麦"吸引网友的关注、评论和转发，并一度冲上微博热搜榜，这也令该餐饮品牌短期内热度大增，收获了大量粉丝。

## 4.8 微博账号运营的注意事项

微博作为一个充满活力和潜力的社交媒体平台,已经成为许多企业和个人开展营销的重要渠道。在运营微博账号时,需要注意以下一些关键的事项,以确保取得良好的营销效果。

### 4.8.1 确定目标受众

了解自己的目标受众是在微博成功运营的关键。不同的受众群体在兴趣、需求和行为上可能有很大的差异,因此需要根据目标受众的特点来定制内容和互动方式。比如,母婴类品牌的受众是准父母或有婴幼儿的家庭,那么,在微博上发布的信息就要以胎教、婴幼儿护理、婴幼儿营养、婴幼儿玩具、亲子活动等为主。

### 4.8.2 控制发布信息的数量

微博允许用户每天发布的信息数量没有明确限制,因此品牌或个人可以在一天内发布多条信息,但品牌或个人要控制好一天内发布信息的数量(以5~10条为宜),避免刷屏引起用户的反感。

### 4.8.3 注意发布信息的时间

在微博发布信息时应避免集中发布多条信息,而应将它们分散在一天的不同时间点发布,这样能够更好地吸引人们的关注。

比如,可以选择在微博使用的高峰时段发布信息,具体如图4-3所示。

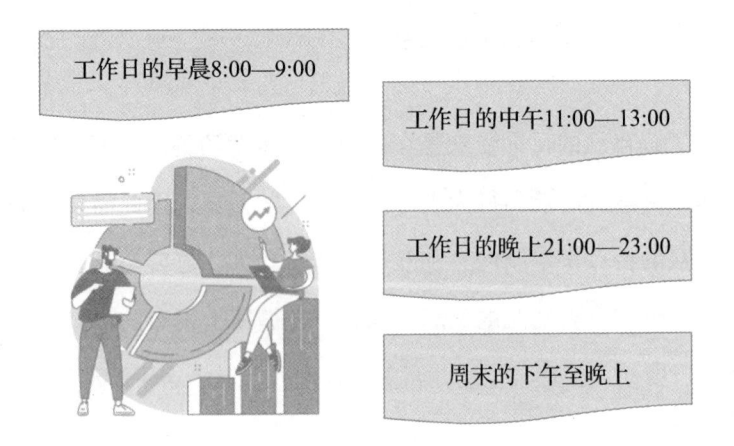

工作日的早晨8:00—9:00

工作日的中午11:00—13:00

工作日的晚上21:00—23:00

周末的下午至晚上

图4-3 在微博使用的高峰时段发布信息

在这些时段发布信息，能够最大限度地增加信息的曝光率，提高用户的关注度。

另外，要定期发布新内容，这样可以保持账号的活跃度，避免丢失用户。

### 4.8.4　避免过度硬推广

品牌或个人在微博上进行产品推广时，要避免过多地进行简单粗暴、单刀直入式的硬性推广，而是要将营销信息巧妙地融入有趣、有益、实用的内容中，从而避免用户厌烦进而被屏蔽。

### 4.8.5　积极互动，不断分析和优化

积极与用户互动，定期监测微博账号的表现，了解用户互动和关注趋势，根据数据分析用户的喜好，从而调整营销策略，不断优化营销效果。

## 4.9 微博营销工具：粉丝头条和粉丝通

粉丝头条和粉丝通是微博平台上常用的两种付费营销工具，借助这两种营销利器，品牌或个人能够让微博信息获得更大的曝光量，从而收获更多的粉丝，吸引更多的流量。

### 4.9.1 粉丝头条

粉丝头条是推广博文以及账号的有力工具，常见的推广方式如图4-4所示。

内容加热　　营销推广

图4-4　粉丝头条的两种常见推广方式

◆ **内容加热**

内容加热推广方式适合不含营销内容的优质博文,主要包含的功能如图 4-5 所示。

一键智能加热

自定义定向加热

指定账号相似粉丝加热

图 4-5　内容加热推广的方式

另外,内容加热推广可以设置投放时长。这种推广方式可以提升博文的曝光率,促进粉丝增长。

◆ **营销推广**

当博文包含营销内容时应选择营销推广方式。这种推广方式包括推给高质量用户和只推粉丝两种形式。当选择推给高质量用户时,可以设置投放目标、投放时长、投放人群等,当选择只推粉丝时,只能设置投放时长。

这种推广方式能够锁定易转化人群,使博文的曝光量显著增长,提升促销效果。

### 4.9.2 粉丝通

微博粉丝通是另外一种付费推广工具,它能够帮助品牌和个人在微博平台上实现更精准、个性化的广告投放,从而提升营销效果。微博粉丝通在营销方面具有以下优势。

◆ **广告形式多样**

粉丝通支持多种广告形式,大致包括的形式如图4-6所示。

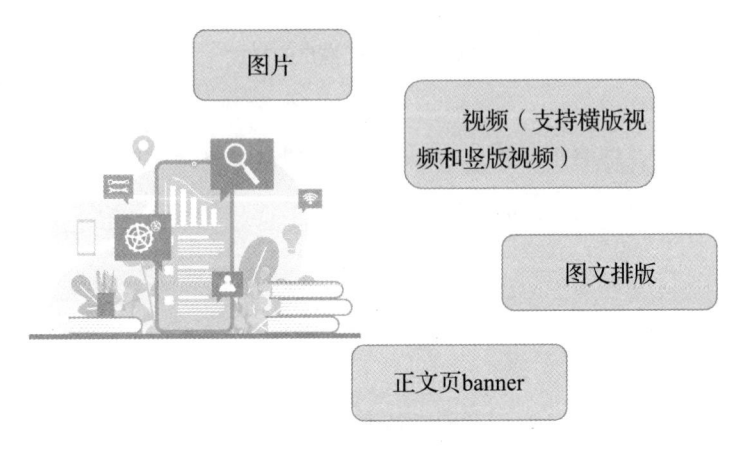

图4-6 粉丝通的广告

品牌可以根据推广内容的特点,选择最适合的广告形式,从而更好地吸引用户的注意。

◆ **精准定位受众**

粉丝通允许广告主按照性别、年龄、地域、兴趣等多个维度精准定位目标受众。这意味着广告能够被准确地传达给最有可能对品牌感兴趣的用户,从而提高广告的有效性。

◆ **监测广告效果,优化推广策略**

粉丝通提供广告效果数据的监测和分析工具,广告主可以随时查看广告的展示、点击、互动等情况,根据数据评估广告的投放效果,以优化推广策略,从而取得更好的营销效果。

第 5 章

# 拼多多、小红书、B 站营销：
# "种草""裂变"带来流量疯涨

在当今数字媒体时代，许多企业或品牌都依赖互联网进行营销和推广。拼多多、小红书和B站等平台，利用"种草""裂变"营销策略，成功带来了流量的疯涨，成为众多品牌和企业营销的首选。

## 5.1 拼多多：裂变式社交营销的鼻祖

拼多多是国内最大的社交电商平台之一，成立于 2015 年。拼多多通过用户之间的沟通和互动来推广产品或服务，并以这种独特的社交营销模式而闻名，堪称裂变式社交营销的鼻祖。

### 5.1.1 好友助力砍价

好友助力砍价是拼多多裂变式营销的一种方式。用户在打开拼多多 App 时，软件经常会推送一些好友助力低价或 0 元拿商品的广告链接，如"砍价免费拿"。在点开这一类的广告链接后，平台会提示需要分享给好友，只要好友点击或参与活动，你想要购买的产品价格就会下降一点。如果拉入新注册用户，价格就会降低更多。商家借助拼多多平台的这一分享机制，能快速实现多用户参与和拉新，拼多多在聚集流量、提升产品销量等方面起到了非常大的作用。

### 5.1.2 好友助力红包提现

好友助力红包提现也是拼多多社交营销的一种方式。平台发起免费领取现金红包的活动，用户要想拿到红包，则需要将活动页面分享给若干好友，在分享的过程中，被分享的用户有可能也会参与活动，这样便形成了巨大的分享链条，从而实现快速营销。商家也可参加拼多多平台设置的助力活动，很多商家通过将自家商品加入助力活动的方式扩大商品的曝光率，并成功实现引流、转化。

### 5.1.3 好友助力拼团享优惠

好友助力拼团享优惠是拼多多平台重要的营销方式之一。邀请好友一起拼团，或者直接参与拼团，就可以低价购买商品。"帮帮免费团"也是其中一种方式，免费开团并邀请好友帮助支付一定金额，帮忙人数达到要求后，即可免费获得商品。入驻拼多多平台的品牌、商家借助这种营销模式能精准收获流量、提升产品销量。

### 5.1.4 其他裂变营销方式

除了上述裂变营销方法外，拼多多平台还设置了丰富多彩的营销方式，如图 5-1 所示。

图 5-1 拼多多平台其他裂变营销方式

总之，拼多多平台裂变营销的底层逻辑在于，鼓励想要获得优惠或免费商品、红包的用户主动分享链接和拉新用户注册，使更多的人参与活动，进而实现裂变营销。入驻拼多多平台的品牌、商家借助平台裂变营销能获得巨大的流量，从而大幅提升产品销量。

## 5.2 明星店铺的推广优势

拼多多明星店铺是指在拼多多平台上备受关注和推荐的知名品牌或商家店铺。明星店铺一般都是专营店、旗舰店或专卖店等,且具有一定的信誉度、好评度。满足明星店铺的要求后,可申请成为明星店铺。明星店铺可以在平台上获得更多流量,且转化率更高。

### 5.2.1 曝光机会大幅增加

拼多多作为中国最大的社交电商平台之一,每天有大量的用户在平台上浏览和购物。明星店铺在拼多多的首页、推荐位等重要位置上,能够获得更多的曝光机会,吸引更多用户的关注和点击。在用户搜索关键词时,明星店铺将获得更多精准流量,更容易被搜到。

## 5.2.2 用户信任度高

拼多多明星店铺通常是经过拼多多官方认证或审核的知名品牌或商家，其产品质量和服务有一定的保证。这使得用户对这些明星店铺的信任度相对较高，更愿意选择购买明星店铺的产品。

## 5.2.3 营销活动能够获得平台补贴

拼多多平台经常举办各种促销活动、特卖活动和主题活动等，明星店铺通常能够得到更多的活动参与机会。比如，在"百亿补贴""家用电器专场""零食专场""年货专场""中秋专场"等活动中，明星店铺的品牌或商品往往会被放在活动推荐页面，并获得平台促销补贴。

## 5.2.4 花费可控且效果好

明星店铺推广采用的是 CPM 模式，即千次展示计费，采用 CPM 模式推广的成本是可控的。同时，采用 CPM 推广模式在品牌推广活动、竞价排名、情景营销、社交媒体营销等方面能够获得更多曝光量，具有较好的营销效果。

## 5.3 如何运用多多进宝撬动流量

多多进宝是拼多多平台提供的一种推广工具，它可以帮助商家将自己的商品推广给更多的用户，以此撬动流量，提升销售额。下面就来了解一下运用多多进宝撬动流量的具体方法。

### 5.3.1 通用推广

通用推广是多多进宝的推广模式之一，其面向所有推手。佣金的比例范围是0.1%～80%，佣金越高越容易吸引推手。同时，可在商品中添加优惠券，优惠额度越高越容易激发推手的积极性。在保证盈利的前提下，合适的佣金比例和优惠券金额，有利于商品获得额外的GMV（商品交易总额）和曝光权重。

### 5.3.2 专属推广

专属推广是商家和某个推手建立专属合作,商定好特定的佣金比例和优惠券金额。商家设置好通用推广计划后,再设置专属推广,并凭借专属推广的订单数与推手结算佣金。商家可以通过"寻找推手"功能,找到合适的推手。

### 5.3.3 团长推广

在众多的推手中,有专门进行招商推广的团长,他们拥有更多的推手资源。商家与团长建立合作,给团长设置独立的服务佣金,利用团长丰富的推手资源推广产品。团长将分享链接传给百万"多多客"推手后,再由他们将链接传播到自己的渠道中去推广产品。这样的方式爆发性强,持久度高,能够获得较好的推广效果。

【社交实战】

#### 利用多多进宝推广的注意事项

- 做好测款产品。

商品在获得大量推广之前,最好要有一定的销量基础,得到正向的客户反馈，要验证产品的质量、客户接受度，确保产品能够获得市场的欢迎，以确定产品值得推广。

- 规划好产品价格。

在为推手或团长设置佣金比例及优惠券金额时，需要规划好产品预计销量和盈利点，确保在多多进宝推广过程中不赔钱。

- 准备工作要充分。

产品在进行推广后，可能会带来销量的剧增，要做好服务方面的准备工作，比如售前、打包、发货、售后等一系列工作，以免前期准备工作不足，后期给顾客带来不好的购买体验，导致营销效果越来越差。

- 合理控制跑量计划。

将推广计划的总跑量分成几期来进行，不要统一放在同一时段，避免出现集中售前询问、发货、售后等问题。分成几期的推广量，还能保证店铺和商品持续获得曝光和订单增长，获得更好的类目排名，提升店铺服务水平和评分。

## 5.4 小红书:"种草"营销,让流量长存

在众多社交电商平台中,小红书凭借"种草式营销"脱颖而出,并吸引了越来越多的品牌入驻营销。"种草"是指用户在平台上发布"笔记""心得"等,分享自己购买某款产品的使用体验、旅游路线的介绍、美食店铺的探店体验等,以吸引其他用户的关注,激发他们的购买欲望。通过这种方式,小红书成功地让流量长存,实现了用户粘性和平台活跃度的提升。

### 5.4.1 KOL推广营销

KOL是指关键意见领袖,一般拥有大量粉丝,是在某个领域具有一定影响力的达人。品牌邀请KOL体验产品,并分享产品使用体验,一般会获得很好的营销效果,尤其是对其粉丝群体具有

较大的购买吸引力。利用 KOL 推广营销，相当于让 KOL 为品牌代言，能实现类似明星广告的效果。

### 5.4.2 KOC 种草营销

KOC 是指关键意见消费者，他们能够影响身边人的消费行为。这些用户没有很多粉丝，所分享的种草笔记更加接地气，更具有真实性和可信度，能吸引其他用户的关注并获得其他用户的信赖。KOC 的持续产生和分享，为小红书提供了源源不断的流量。相比于少量的头部 KOL，KOC 的人数基数更大，和普通消费者距离更近。简而言之，采用 KOC 种草营销，容易对用户进行深度渗透且营销成本更低。

### 5.4.3 维护社区氛围

小红书的社群氛围是保持用户粘性的重要因素，所以维护好品牌的粉丝群体和社群非常重要。具体可以通过以下方式维护社群氛围，让粉丝认可品牌，并乐意在平台上分享或向周围人分享产品，如图 5-2 所示。

图 5-2　维护社群氛围的方式

## 5.4.4　把控和引导评论

"种草笔记"获得大量关注后,难免会出现一些恶意评论,具体可以通过删除和纠正恶意评论等方式来把控评价走向,避免用户对产品产生信赖危机,建立和巩固品牌、产品的正面形象,确保实现良性营销,扩大影响范围。

## 5.5 爆款笔记的创作秘诀

小红书以"图文+视频"笔记的独特分享风格获得大量用户的关注，尤其是女性群体的关注。要想打造爆款的笔记，可以来了解一些创作爆款笔记的秘诀和建议。

### 5.5.1 借助热门话题

借助热门话题是创作爆款笔记的重要渠道之一，具体可参考以下方法来增加笔记被搜到的概率，提升笔记的曝光量，如图5-3所示。

### 5.5.2 创作有吸引力的标题

笔记要有吸引人的标题，这样才能吸引更多人的关注和讨论，增加分享和转发的机会。营销者可参考以下方式去创作有吸引力的标题，如图 5-4 所示。

- 在热搜词增量榜中寻找当前的热门话题、流行趋势或引起公众兴趣的事件
- 将热点融入笔记内容中
- 在标题中加入热门话题作为搜索关键词，同时可以@达人或官方号

图 5-3　结合热点打造爆款笔记

在标题中加入数字

如《3分钟教你怎么化妆》《做不好文案有3大原因》《5分钟带你了解相机拍照参数》等

采用提问式标题

如《为什么你找不到好工作》《为什么你拍不出好看的照片》等

采用悬念式标题

如《这六件事别做了，越做越丑》《这五种早餐，并没有那么健康》等

图 5-4　如何创作具有吸引力的标题

## 5.5.3　图片、字体及排版要精美

小红书的种草式营销，重点在于其优质的图文和视频信息。小红书的受众群体以女性为主，平台上的"笔记""心得"均有高质量的照片及排版，文字字体也各式各样，创作的内容都如同手账一样精美，文字内容详细、丰富。在小红书上内容为王，要想获得好的营销效果，就要保证图片精美、排版美观、字体字号选择合适美观、视频质量高。

在图片、字体选择、排版等方面的注意事项如图 5-5 所示。

图片和文字颜色要统一，可利用同类色、对比色等；尽量选择低饱和度的颜色，给人以美观、高级的感觉

部分文字可根据笔记风格选择合适的艺术字体,也可适当添加各类表情包、符号等,提升笔记的活泼性

图 5-5　图片、字体及排版的注意事项

### 5.5.4　笔记要真实有趣且具有感染力

真实性对于爆款笔记的创作十分重要,要如实描述自己的体验和观点,为读者提供详细的信息、实用的建议、教程或经验分享等,以吸引更多的读者,并增加笔记被分享和保存的概率。

此外,要提升笔记中故事、文字的有趣性和感染力。比如,采用第一人称书写,第一人称代入感强,能让人感同身受,提升真实感和信任度,从而提升营销效果。另外,笔记中文字不宜太多,要简洁精炼,段落清晰。

## 5.6 小红书的涨粉攻略

内容和互动都是涨粉的关键,除了把内容做好,也要读懂平台的流量推荐机制,学习各种曝光方法,才能快速实现涨粉。以下提供一系列涨粉措施,可以帮助你在小红书上吸引更多的粉丝。

### 5.6.1 深耕细分领域

在小红书中,要想快速涨粉,首先要确定好自己的定位,并且在某一垂直领域进行深耕,做出差异化、有特点的内容,为用户提供有价值的内容。

具体而言,要锁定自己的领域,提升专业度,通过用户名、头像、个人资料等建立专业的形象,如金融硕士、资深律师等,以吸引更多的粉丝。

### 5.6.2 积极加入各种社区

积极参与社区,与其他用户建立联系,也是快速涨粉的有效方法。可以和达人建立联系,借用其流量帮助自己获得更多的粉丝和营销推广机会。同时,在社区中可以多发表经验和观点,多评论其他用户的内容,树立自己的专业形象,以提升账号的活跃度和曝光量,吸引更多的关注。

### 5.6.3 参与或发起品牌活动

用户可以积极参与平台上举办的各种品牌活动,提高自己的曝光率和影响力,甚至与品牌建立合作,从而吸引更多用户的关注。如果是品牌官方号,可以多发起优惠、促销活动,获得更多用户的关注。

### 5.6.4 多与粉丝互动

积极回复粉丝的评论和私信,与粉丝进行互动和交流。这种互动能够增加粉丝的粘性和忠诚度,促使更多的人加入粉丝团。

可以利用投票、抽奖等活动，保持粉丝群体的活跃度，吸引新的粉丝关注。

### 5.6.5　开直播介绍产品

利用直播去更进一步地与粉丝或其他用户进行互动和交流，可拉近与粉丝之间的距离，同时，借助小红书直播功能能够更详细地介绍产品性能、细节、使用体验等，从而获得更多新用户的关注。

### 5.6.6　利用广告投放及其他工具

广告投放，可以精准地为账号推荐流量，提高账号在潜在粉丝、目标用户群体中的曝光率，进而提高粉丝数量和广告效果。也可以利用其他工具和资源，如申请成为小红书推荐作者，这样能够获得更多曝光的机会，扩大账号影响力，从而提高粉丝数量。

## 5.7 B站:"Z世代"成就营销新风向

B站(哔哩哔哩)是一个在线视频平台,以其丰富多样的内容和活跃的用户社区而知名。"Z世代"是指出生于1995年至2009年间的一代人,也被称为新一代消费者群体。B站成功地抓住了这一群体的特点和偏好,实现了营销新风向。

### 5.7.1 拥抱多元亚文化消费群体

最初B站吸引了众多二次元爱好者的关注,而现在的B站则包括动漫、游戏、影视、综艺、音乐、舞蹈、摄影、汽车等多个垂直领域的内容,涵盖了"Z世代"关注的各个兴趣领域。通过满足这一代人的多元化需求,B站吸引了大量的"Z世代"用户入驻,并成为他们的主要娱乐平台之一,从而成为针对"Z世代"的重要的营销平台。

## 5.7.2 读懂"Z世代"消费心理

"Z世代"消费群体只关注自己感兴趣的领域,追求炫酷、个性,看重消费体验、在乎消费品位、接纳消费符号。B站读懂了"Z世代"的消费心理,放弃了大规模投放广告的传统营销方式,而是利用以下方式让他们亲身参与广告过程中,通过增强"Z世代"的参与度、提供更新奇的体验方式,实现预期的营销效果,如图5-6所示。

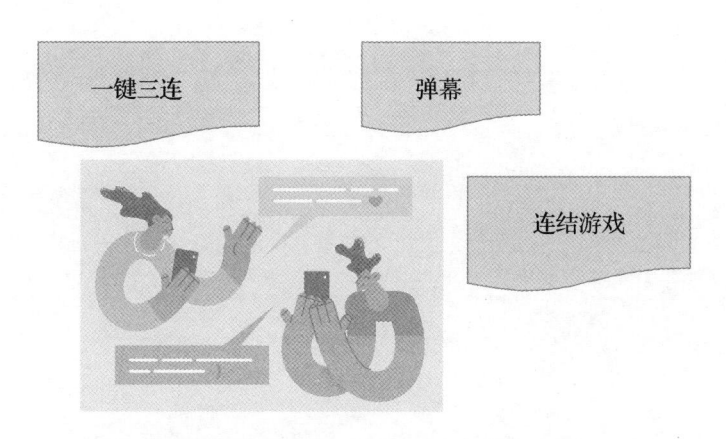

图5-6 利用这些方式引导"Z世代"亲身参与广告

## 5.7.3 推动"Z世代"文化需求发展

B站为持续满足"Z世代"年轻人的文化需求,努力将自己打造成年轻一代人的文化符号。比如，在重要的、有营销价值的日子里，打造《后浪》青年宣言片，发布《入海》毕业季主题歌曲等。

## 5.8　B站品牌营销玩法解析

B站聚集了大批"Z世代"年轻人,涉及汽车、数码、服饰、动漫等多个垂直文化领域,要想实现较好的营销效果,就要利用好平台机制,创新营销方式吸引"Z世代"消费者。以下是B站平台常见的营销方法。

### 5.8.1　广告投放

B站提供了广告投放服务,品牌可根据实际情况选择不同的服务方式进行品牌推广。

其中,浮层广告、播放器下方展示位是最常见的广告投放方式,展示面广、效果好,如图5-7所示。

图 5-7　B 站提供的不同的广告投放服务

## 5.8.2　品牌赞助

品牌赞助就是通过赞助 UP 主或与其一起合作创作内容,利用 UP 主的创作思维创作出与品牌产品相关且有趣的视频。这样既保证了视频的趣味性和播放量,实现品牌或产品的营销,也能够帮助品牌私域账号快速引流。

## 5.8.3　商品橱窗营销

可以在有橱窗版块的 UP 主或品牌官方账号进行商品投放,

有助于提升品牌曝光率。同时，通过在产品相关领域知名 UP 主的评论区中放入橱窗商品链接，也有助于促进商品的销量。

### 5.8.4　置顶评论营销

可以在知名 UP 主视频评论区的置顶评论中加入营销链接，为品牌活动、产品推广引流。同时可以多参与各个 UP 主评论区的评论，通过有趣的评论吸引用户关注，提升品牌曝光率。

### 5.8.5　创作有趣的官方账号内容

品牌可以打造自己的官方账号，创作有趣的内容，吸引用户关注，提升播放量，从而达到营销目的。B 站平台上的用户大多喜欢有趣、个性化的视频，所以可以结合二次元、自己品牌的内容，利用 B 站上热门视频的特点，创作出个性鲜明且有趣的视频，引爆流量。

### 5.8.6　举办活动，邀请知名 UP 主参加

根据品牌、产品的风格、特色，举办大型线上或线下活动，邀请多位该领域的 UP 主参加，从而综合利用各个 UP 主的粉丝流量，实现对品牌或产品的营销。比如，五菱宏光 MINI 举行改装展示活动，品牌邀请改装过的汽车用户参与活动，展示出自己提供的改装式样，同时邀请汽车 UP 主参与活动，借助多位 UP 主自媒体渠道和粉丝群体进行营销宣传，从而吸引更多年轻人对该款车产生兴趣，达到营销目的。

【营销案例】

用年轻人的方式对话，才能实现营销

××移动办公软件功能强大，其在方便上班族开会和学生上网课的同时，也因"绑架"了上班族、学生的私人时间而遭受差评。

于是，该软件企业在 B 站上发布了一个《××，在线求饶》的视频，使用有趣的文字、可爱的动画、魔性的音乐，放低姿态卖萌、自嘲、撒娇，向大众求和，让观众感到十分亲切，不但得到了大众的理解，还给大家带来了欢乐，得到了众人的关注和追捧，视频播放量达到了几百万次。

## 第5章 拼多多、小红书、B站营销:"种草""裂变"带来流量疯涨

这家企业正是掌握了年轻人的对话方式,才能打入年轻群体的内部,将大众对产品的厌恶转变为对品牌的喜欢,提高了品牌的知名度和用户粘性,收获了令人喜出望外的营销效果。

第 6 章

# 豆瓣、知乎、头条号营销：
# 破解另类引流密码

豆瓣、知乎和头条号作为国内颇具影响力的社交媒体平台，汇聚了海量的忠实用户群体和潜在消费者。由于平台内容、流量推荐机制不一样，不同平台的营销方法也有所不同，因此企业、品牌或个人可以根据不同的平台实施不同的营销方法，从而引流变现，实现成功营销。

## 6.1 豆瓣：高价值用户，助力品牌营销

豆瓣是一个以图书、电影、音乐等文化艺术为核心的社区平台，以其高品质和高价值用户而著名。豆瓣的高价值用户对品牌营销具有助力作用。

### 6.1.1 豆瓣平台营销优势

◆ **用户群体稳定专一且质量高**

豆瓣是以共同爱好为基础的平台，用户使用豆瓣平台的时间较长，经常是几年，所以用户群体稳定，粘性高，能保证营销推广流量稳定。同时，豆瓣平台用户多数是具有良好文学素养的人，而且很多用户都有着不错的经济能力，这对于开展营

销活动非常有利。

### ◆ 用户爱好清晰，易于精准营销

豆瓣不同的版块中聚集着不同兴趣的用户群体，比如电影、书籍、音乐等。用户的兴趣专一且分组清晰，易于品牌和企业进行精准营销。

### ◆ 平台权重高，易于搜索到

豆瓣平台在各网络搜索引擎中权重较高，通过豆瓣平台发布原创文章，很快就会被百度搜索引擎收录。企业或品牌选择豆瓣发布营销信息，能确保信息得到最大限度的曝光，实现广告投入价值最大化。

### ◆ 转化率高

在豆瓣小组论坛中，豆瓣用户也具有高度参与的特点，他们愿意分享和推荐喜欢的产品或服务，如果话题得当就会得到较高的人气，此时便会带来巨大的流量和较高的转化率。

## 6.1.2 如何通过豆瓣助力品牌营销

◆ **选择合适的版块去发布内容**

豆瓣网拥有豆瓣读书、豆瓣电影、豆瓣音乐、豆瓣同城、豆瓣小组等产品线，选择一个或多个适合自己品牌或产品的版块，在不同的版块中选择不一样的方式参与活动或发布内容，可以获得不错的营销效果。

◆ **豆瓣日志推广**

营销者想要通过豆瓣日志推广品牌或产品，实现预期的营销效果，首先要创作出优秀的日志。比如，可以发表经验类的话题，如"做了3年新媒体的经验分享"，也可以发表干货类的话题，如"公众号排版技巧"等，同时可以在文末植入营销链接。日志的标题也要吸引人，如可以设置为疑问句。为提升曝光量，要在标签处选择合适的关键词，以提升搜索的排名。

◆ **小组推广**

豆瓣小组拥有各种各样的小组，品牌可以加入或自建小组，进行垂直领域的营销。小组推广可以分为直接推广和回帖推广，如图 6-1 所示。

**直接推广**

在人气较高的小组里直接发帖，比如在母婴小组里直接对奶粉品牌进行营销推广，吸引受众兴趣

**回帖推广**

在高阅读量、高赞的帖子下发布评论，可以是干货、有趣评论、产品推荐等，以提升曝光量

图 6-1　直接推广和回帖推广

◆ **发起同城活动，通过线下活动引流**

在豆瓣平台上发起同城活动，能吸引一群拥有共同兴趣的人参与。如果能够成功发起一次人数较多的活动，就会取得很好的营销效果。豆瓣同城的活动往往比较文艺，包括音乐、喜剧、电影、讲座、沙龙等不同的主题。品牌可以根据自己的特点，结合不同内容，赞助或发起线下活动，实现营销。

## 6.2 "别处种草,知乎种树"

知乎是一个内容问答社区平台,依靠其平台宣传、高价值用户群体、专业认真的社区生态成为很多企业和品牌青睐和信任的营销平台之一。知乎平台提出"别处种草,知乎种树"的口号和理念,表明在这一平台上用户可以获得更深入、有价值的知识和信息,而不仅仅是表面上的兴趣"种草"。

### 6.2.1 汇聚各领域的专业人才

知乎上汇聚了各领域的专业人才,如科学家、各专业硕士和博士、各行业资深从事人员等,并且具有身份认证。所以,很多答主在回答问题时能够提供专业、翔实的答案和依据,能为用户提供高质量的内容,开阔用户视野,引发用户共鸣。

## 6.2.2 内容长效

知乎的另外一个特点是长效。知乎中的问题，可以长期保留，答主可以在问题下持续更新回答，新答主也可以再参与回答。

知乎的长尾效应优于其他平台。在知乎平台上，几近一半的内容已经创建了超过1年，所以这种长效价值，让用户产生了巨大的信任感，比"种草"更系统、更长效，成为内容平台的新标杆。

【社交实战】

**避免在知乎平台上进行恶意营销**

在知乎平台上营销要注意方式和方法，因为在平台上一些营销行为会被认定为恶意营销，是不被允许的。具体如下：

- 买卖账号和个人信息。
- 机器人批量注册账号、发布垃圾广告信息。
- 真人水军营销，抱团推广某种品牌或商品。
- 编造虚假经历以达到营销目的。
- 无相关资质图解的医疗服务与用品。
- 以获利为目的通过评论、私信等渠道骚扰用户。

- 抄袭、洗稿的营销推广。
- 夸赞或推广假冒伪劣商品。

在知乎进行营销时，应避免上述问题，同时也应避免生硬的广告营销。可以通过回答专业问题、发布品牌故事、发布有趣或专业的内容来间接获得用户的好感，让品牌理念深入人心，让用户认可品牌价值观念，从而实现软性营销。

## 6.3 知乎爆款文章和回答的写作秘诀

在知乎平台,优秀的文章和回答能够获得极高的关注度和赞同数,进而提升品牌曝光度和用户转化率。学会知乎爆款文章和回答的写作秘诀,能够掌握在知乎进行内容营销的技巧。

### 6.3.1 爆款文章的写法

创作知乎爆款文章需要作者结合知乎平台的特性和用户需求,同时也需要作者具备一定的专业知识或独特视角,才能使文章脱颖而出,吸引更多的读者。

◆ 选择合适的素材

通过知乎进行营销,可以以贴近社会生活的话题、热门话题或大众关注的问题为题材,针对题材所涉及群体的心理状态、面临的困难等,结合品牌、企业拥有的专业知识和经验,提供有价值的内容。

比如,奶粉品牌可以针对什么是好的奶粉、怎么样辨别和购买好的奶粉创作一篇专业的文章,可以引起多个家庭或宝妈的关注。这样的文章在传播正确的、有价值的内容的同时,也提升了自己品牌或企业在读者心中的地位,实现了品牌的软营销。也可以创作系列品牌故事,进而吸引更多人关注和讨论,从而提升曝光量。

◆ **创作高质量内容**

在知乎平台上,只有具有权威性、高质量的文章才能持续爆火。所以,在文章中输出观点的同时,还要提供理论知识、事实及相关数据去支撑自己的观点。

对输出的内容要深入分析,提供多角度观点,引用权威信息和数据,从而得出可信度较高的结论。在文章中,可以注明引用的学术文章、书籍、权威报告,从而提升内容的权威性。

企业或品牌还可以加入自己的行业发展数据、产品研究数据等,建立品牌和企业的权威性,提升品牌地位,达到软营销目的。

◆ 层次分明，结构清晰

知乎上的爆款文章往往文字较多，通常有几千字。所以，在写文章时要有清晰的结构，如引言、分析阐述、结论等部分清晰完整。如果文字较多，可以分列小标题。每个段落要有一个明确的主题句，便于阐述观点。段落和段落之间要有逻辑顺序，也要有清晰的过渡和衔接。各个段落长度要适中且不要差别太大，这样能在保证美观的同时也使文章具有可读性。结尾处要有总结或结论，为读者提供明确的指导。

◆ 设置吸引人的标题

一个吸引人的标题是吸引读者阅读文章的关键。所以，标题要清晰明了，可以使用疑问句引起好奇心，也可以用悬念式或承诺式，如图 6-2 所示。

图 6-2　设置吸引人的标题

在使用这些标题的文章中进行专业讲解，还可以融入对自己品牌或企业产品的分析，从而达到产品营销的目的。

◆ **多与读者建立互动**

与读者互动是创作爆款文章的重要策略之一。通过与读者的互动，可以增加读者的参与度，提升读者粘性，增加评论数，获得更多的推荐。

互动可以是回答读者提出的更深入的问题，也可以邀请读者分享经验和故事，或对他们的观点和评论给予肯定及认可。知乎文章是可以持续更新的，因此也可以在文章中引用读者的观点和评论，增加读者的共鸣，进而提升营销效果，提升企业或品牌的粉丝粘性。

### 6.3.2　爆款回答的写法

◆ **提供专业的知识**

知乎上某些专业性的问题需要用专业的知识解答。比如，"加湿器是如何工作的""电动车最终节省了多少能源"等，回答这类问题的时候，除了专业性，也要保证通俗易懂性，因为读者大多不是学此专业的人。可以适当添加图表进行解释或帮助理解，也能使文章看起来更美观。

同时，可以参考评论区其他回答者的答案，不断完善自己的答案。简而言之，科学严谨、知识密度高、信息量大同时又趣味满满的"干货式"回答能提升账号的专业性，引起读者的兴趣，产生良好的营销效果。对于企业和品牌账号运营者而言，也可利用此类回答去推广产品，比如在文章中插入广告链接，用户点击便可跳转到官网页面。

◆ 总结自己的经验

对于经验类的问题，一定要列出详细的具体步骤，要能够实现操作。个人营销可以解释自己为什么这样做，以及这样做的效果；品牌或企业可以按照行业惯例或案例来说明。可以提供正面成功的例子，也可以列举不成功的反面例子，最后要总结成功或失败的经验，并指出注意事项。

比如，招聘软件品牌或公司可以回答"如何找到一份好工作"；保险公司可以回答"怎样才能购买到适合自己的保险"；化妆品品牌可以回答"一个完整的化妆过程是怎样的"；等等。企业、品牌或个人在回答这些问题的时候，无意间就形成了对自己的宣传，吸引到读者的关注，从而达到营销目的。

◆ 观点明确有依据，价值观正确

对观点类的问题，要做到观点明确、有理有据。依据要充分也要经得起推敲，且价值观正确。不能回答违法、违规、违背正确价值观的问题。充分引经据典、趣味性强、轻松易读、有说服性的回答更容易获得高赞支持，也有机会成为爆款回答。

品牌和企业通过回答需要输出观点的问题，也能够实现营销。不同的企业、品牌可以回答不同的问题，如图 6-3 所示。

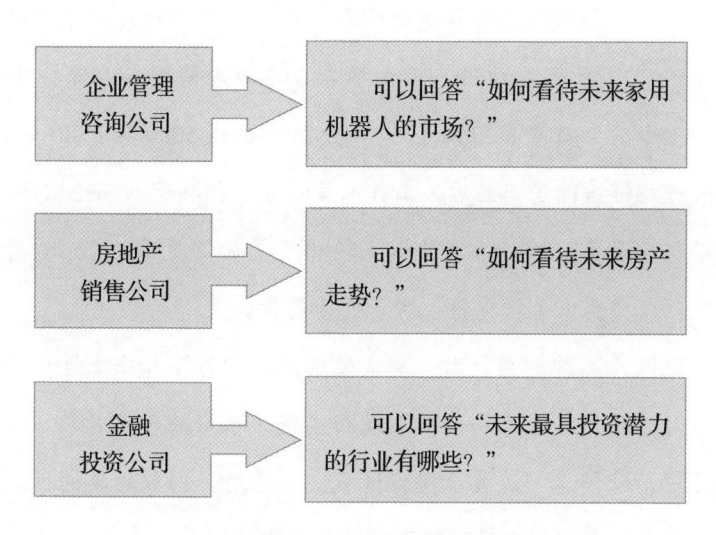

```
企业管理咨询公司  →  可以回答"如何看待未来家用机器人的市场？"

房地产销售公司    →  可以回答"如何看待未来房产走势？"

金融投资公司      →  可以回答"未来最具投资潜力的行业有哪些？"
```

图 6-3　不同的企业、品牌可以回答不同的问题

如果读者认同这些回答，那么也就相当于认同了这个企业或品牌。企业或品牌通过回答这类问题，展示了自己的业务能力，达到了营销目的。

## 【营销案例】

### 用汽车发动机煎牛排这事靠谱吗

"用汽车发动机煎牛排这事靠谱吗?"这是知乎上一个幽默的问题,某知名汽车品牌用严肃、科学的方式回答了这个问题。

该汽车品牌在回答中展示了这样的实验过程:用锡纸包裹牛排,将其固定在一款普通车的发动机舱上,由于普通车的发动机温度较低,最后并没有将牛排烤熟。然后,工作人员换了一辆拥有V10自然吸气发动机、最大功率610马力的跑车,保持2000转开1小时,将牛排煎到了5~7分熟。再用5000转开40分钟,结果将龙虾烤熟了。最后,工作人员换了一辆拥有双涡轮增压V8发动机、最大功率560马力、涡轮出气管的温度高达254℃的旅行车,成功制出了烤鸡翅、烤羊排等美食。

该汽车品牌利用严肃、真实的实验,回答了知乎上这个奇怪的问题,利用反差感和幽默感反而实现了很好的营销效果。而在回答中,营销者一边展示实验过程,一边对不同款的车的性能和参数进行了介绍,从而实现了对汽车品牌的营销。

## 6.4 利用头条号做营销推广的正确"姿势"

今日头条是一个新闻热点式平台,每次的热点可以被用户以转发、分享、评论等方式进行传播。在头条号上做营销推广可以参考以下几点建议。

### 6.4.1 付费推广

今日头条提供了各类付费推广的渠道,主要包括以下几种,如图6-4所示。

图6-4 今日头条付费推广的渠道

付费推广适合较大的企业或品牌，企业或品牌可以根据自己的情况选择合适的推广渠道，将内容广告展示给更多的用户。

### 6.4.2 自营广告

个人或品牌注册好头条号后，可以加入创作者计划，且粉丝总数满1000后，可以在平台上申请开通自营广告，上传广告图片、落地页链接等，依靠自己的粉丝量、视频播放量等来进行产品营销。这种营销方式适合粉丝量较大且具有成熟电商经验的创作者。

### 6.4.3 提升原创作品数量

为鼓励原创作品，今日头条号会优先推送原创作品。原创越多，推荐就越多；内容质量越高，推荐就越高。

在创作作品时，要尽量创作原创作品，确保内容质量高、有价值和有吸引力。创作内容时要关注受众的需求和兴趣，提供独特的观点、实用的建议或有趣的故事，能够引起读者的关注和分享。在推广内容中，不要直接发布硬性广告内容，而是要巧妙地将广告融入内容中，让受众更容易接受，从而达到软营销的目的。

### 6.4.4 选择合适的展现形式

企业和品牌要想通过在今日头条上发布内容的方式达到理想的营销效果,首先要根据所创作的内容类型、风格、特色和受众群体的消费习惯、喜好来选择合适的引流版块和展现形式。

今日头条的主要引流版块如图 6-5 所示。

图 6-5　今日头条的主要引流版块

其中,图文可以详细介绍产品,保证读者通过阅读也能了解产品信息。直播一般是达到一定粉丝量,为了实现产品集中营销时采取的方式。直播能够大大促进产品成交量,提升营销效果。

### 6.4.5  利用标题抓住观众

头条标题可以借助热点话题或者突出矛盾冲突，让用户有兴趣打开视频等内容进去观看。通过不断更新有矛盾冲突、吸引人的故事，不断获得新的粉丝，间接实现品牌的营销。

### 6.4.6  选择好更新时间和频率

考虑到多数人的作息时间，互联网社交营销平台大多数的更新时间都在中午或者晚上。选择在饭点或者下班时间更新，有助于提升内容的曝光率。固定的更新频率，则有助于巩固粉丝的粘性，让粉丝对内容有期待感。持续的更新也能够获得平台的推荐，从而提升曝光量，提升营销效果。另外，多与用户进行互动，也是增加粉丝粘性、提升营销效果的好办法。

# 第 7 章

# "社交 + 短视频"：打造碎片化时代的营销生态圈

在碎片化时代，社交媒体和短视频平台的崛起为营销带来了全新的可能性。社交媒体成为人们获取信息、交流互动的重要渠道。而短视频则以其快速、简洁、有趣的形式，迅速赢得了用户的青睐。将这两者结合起来，打造"社交+短视频"的营销生态圈，不仅可以吸引用户的关注，还能够更好地传递品牌信息和价值。

## 7.1 为什么短视频营销、推广越来越流行

在数字信息时代,人们越来越喜欢通过短视频来获取信息、进行娱乐和交流。大小企业、品牌因此纷纷加入短视频营销大军,以精心制作的短视频吸引用户的关注。

具体而言,短视频营销、推广越来越受欢迎的原因如下。

### 7.1.1 短小精悍,符合用户收看习惯

随着移动互联网和智能手机的普及,人们获取信息和娱乐的方式发生了变化。现实生活中,大多数人喜欢新鲜、有趣的事物,追求快速、简洁的生活方式,而抖音、快手等短视频平台上的内容及内容传播方式正好能满足现代人的娱乐需求,符合现代人的信息获取习惯。用户可以在几十秒到几分钟的时间内观看一个完

整的视频,不需要花费太多时间和精力。

基于这一点,越来越多的企业、品牌选择运用短小精悍、丰富有趣的短视频进行营销,以增加品牌影响力和产品曝光量。

### 7.1.2 互动性和用户参与度较强

短视频平台通常提供一系列的互动功能,如点赞、评论、分享、私信、弹幕等,用户可以借助这些功能直接与内容创作者进行互动。这种互动性增强了用户对于短视频内容的参与度,也提高了品牌与用户之间的互动频率。

而品牌频频与用户产生互动,既有利于品牌听取用户的意见,不断提高产品或服务质量,提升品牌力,也有利于输出品牌的价值观与服务理念,提高品牌知名度,塑造品牌形象。

### 7.1.3 传播速度快

短视频传播速度快、范围广泛,只要有网络,无论是在一线城市还是在农村都能在第一时间看到短视频传播的内容。而且根据短视频平台的算法,播放量越高的视频就越能获得更多的流量,从而实现裂变式传播，极大地提高了传播的速度。

可以说，传播优势是短视频营销、推广越来越受欢迎的重要条件之一。

### 7.1.4　营销对象指向性强

与传统营销方式及其他网络营销方式相比，短视频营销具有指向性强的优势。短视频平台建立的算法推荐模型，能够依据用户的兴趣不断推荐相关内容，从而保证了营销视频或广告的分发效率，使得企业或品牌能够直接获得精准营销对象，提高营销效果和商品成交率。

### 7.1.5　营销成本低

与传统的广告投入相比，短视频营销成本是比较低的，如图 7-1 所示。

企业或品牌只要购买拍摄器材、道具等，组建拍摄团队，拍摄和上传视频即可完成初步的视频传播和营销推广工作，制作、传播成本都较低，却往往能够取得让人意想不到的营销效果。因此，这种营销方式广受企业和品牌营销者的青睐。

图 7-1 短视频营销成本

## 7.1.6 短视频留存时间久

短视频传播不是一次性传播，而是能够持久留存，并持续发挥营销作用。哪怕是很久以前上传的视频，用户也可以通过平台搜索等方式发现和观看视频，从而加深对品牌和产品的印象。也就是说，短视频营销能够起到为品牌、产品持续曝光的作用。这是短视频营销的关键性优势之一。

### 7.1.7 短视频具有吸引力

短视频能够通过图像、音乐、文字、剪辑等元素快速吸引用户的注意，并有效传递信息。相比于传统的文字、图片或长视频，短视频更富有创意和娱乐性，能吸引更多的用户。而且短视频涉及生活的方方面面，能够满足各个年龄段、各类人的喜好，各类产品或服务都可以找到营销推广的对象，从而增加品牌的曝光度和知名度。同时现在的短视频可以将产品购买链接放在视频页周围，搭建主页商品橱窗，用户可以实现一键购物，大大增强了短视频营销的效果。

### 7.1.8 营销效果可衡量

短视频营销的流行也得益于营销效果的验证。通过短视频平台提供的广告投放方式和数据分析页面，品牌或企业可以更准确地了解广告的触达范围、曝光量、商品成交量、用户反馈等指标，从而更好地评估广告效果，并有针对性地进行优化调整，使得产品和服务更加完善，营销更为精准。

## 7.2 常见短视频社交营销平台：抖音、快手、美拍、视频号等

如今，短视频已成为吸引用户的首要应用，用户多达数十亿人。而短视频社交营销平台也成为品牌推广和用户互动的热门选择。抖音、快手、美拍和视频号等平台以其独特的特点与广阔的用户群体，为企业和品牌提供了一个快速、创新和有趣的推广渠道。

### 7.2.1 抖音

抖音是北京字节跳动科技有限公司开发的短视频社交平台。抖音以其丰富多样的特效、滤镜和音乐库而闻名，用户可以通过富有创意的视频内容和挑战赛等形式吸引他人的关注。

抖音提供了广告投放工具，企业和品牌可以利用开屏广告等在平台上进行精准的广告投放和推广，或者开设官方账号，借助视频推流进行营销。目前，抖音平台吸引了大量的明星，同时也培养了很多优秀的短视频创作者，企业可以借助明星、达人的流量进行产品营销推广。

### 7.2.2 快手

快手是北京快手科技有限公司旗下的短视频社交平台。在这一平台上，用户可以拍摄和分享短视频，包括个人日常生活、美食、旅行等各种主题。快手注重用户与内容创作者的互动，提供了丰富的评论、点赞和分享功能。

企业和品牌可以通过品牌合作、植入式广告等方式在快手上进行推广。利用快手平台庞大的用户基础、良好的互动性、精准投放等优势，企业和品牌的营销之路将走得更为顺畅。

### 7.2.3 美拍

美拍是厦门美图网科技有限公司开发的一款主打"美拍＋短

视频+直播+社区平台"的应用。在这一平台上,用户可以通过拍摄和分享短视频来展示自己的个性、才艺及生活方式。同时,因为美拍提供了丰富的视频特效和滤镜,用户可以将独特的创意和个性融入视频内容中,从而提升视频的吸引力。

在美拍平台用户中,女性用户群体占据的比例较大。美妆、护肤、服饰等行业都可以通过美拍的广告投放平台进行品牌推广和广告投放。

### 7.2.4 视频号

视频号是微信推出的短视频功能,它允许用户在微信平台上创作、发布和分享短视频内容。视频号融合了微信的社交功能和短视频的创作,用户可以通过视频号在微信上与朋友、粉丝和关注者进行互动。企业和品牌可以通过视频号在微信上进行品牌推广、产品展示和内容营销。

综上所述,抖音、快手、美拍、视频号等平台都是短视频社交营销的热门选择,它们提供了广阔的用户群体和多样的内容创作方式,使得企业和品牌能够通过短视频形式与用户进行更直接、有趣的互动,并实现品牌传播和推广的目标。

## 7.3 头像、logo、个人简介

在社交网络平台上,头像、logo 和个人简介是建立个人或品牌形象的关键元素。它们是向受众展示账号信息以及传递个人或品牌特点和价值的重要途径。

### 7.3.1 选择适合自己的头像

社交网络平台上的头像是受众对你的第一印象,所以最好要与个人 IP、品牌或者产生的内容相契合。头像一般分为 logo 型、照片型、文字型、卡通型等,设置头像的好处如图 7-2 所示。

减少认知成本，能让用户快速了解创作者的相关信息

帮助塑造创作者整体形象，加深用户印象

展示创作者的独特风格和魅力，吸引受众

图 7-2　设置头像的好处

头像是用户认识创作者的直接媒介，所以，在设置头像时，一定要突出主题，文字和照片展示清晰，背景不要太乱，可以展示相貌、生活、品牌、内容等相关信息。

不同的创作者背景，头像的设置也要遵循不同的方法和原则。如果是个人IP，可以用自己的照片作为头像，或者以自己的工作室logo作为头像；如果是企业、品牌账号，可以用品牌logo作为头像，以展示品牌信息和定位，提升信任度和权威性；如果是电影、新闻、财经等媒体输出类的账号，可以用官方媒体logo、文字品牌、个人漫画形象等作为头像，体现官方性，具体如表7-1所示。

总之，在设置头像时，头像要与账号的性质相匹配，或权威，

或可爱,或有趣等,让用户能够更快地记住你。

表 7-1 不同类型的头像选择

| 图片类型 | IP 类型 |
| --- | --- |
| 真人照片 | 从事美容美妆、时尚穿搭、旅行的个人;达人、专家、明星等 |
| 真人照片或动漫图片 | 游戏、动漫从业者或爱好者 |
| 动物照片 | 动物相关行业从业者或爱好者 |
| 食物照片、图片或图标 | 餐饮、烘焙从业者或美食爱好者 |
| 汽车照片、图片或图标 | 汽车、机械相关行业从业者 |
| 图标 | 数据观察者、数据分析者 |
| | 新闻观察者、热点事件解析者,新闻媒体工作者等 |

## 7.3.2 设计一款好看的 logo

很多企业或品牌都会为自己的短视频账号设计 logo,以便用户更好地记住自己。要想设计一款好看的 logo,需要了解和掌握以下几点内容。

◆ **简洁明了**

短视频账号的 logo 应该是简洁、清晰和易于辨识的。由于短视频是以快速、简短的形式传递信息，因此 logo 需要在短时间内引起用户的注意并展示出清晰的品牌形象。

◆ **突出品牌特色**

短视频账号的 logo 应该突出展现品牌的特色和核心价值。可以通过图形、颜色和字体的选择，将品牌的个性和识别特征体现在 logo 中，使用户在看到 logo 时能够立即联想到品牌。

◆ **适应不同尺寸和平台**

短视频账号的 logo 通常会以较小的尺寸展示，因此 logo 需要具备良好的可缩放性和适应性，以确保在各种尺寸和不同平台上都能清晰可见，即确保 logo 尺寸不同时保持清晰度和识别性，同时也要适应不同平台的显示要求。

◆ **色彩和配色方案**

在设计短视频账号 logo 时，可以选择适合品牌形象和目标受众的色彩和配色方案。色彩对于传达品牌的情感和个性非常重要，因此选择与品牌形象一致的色彩，能够增强 logo 的识别性和吸引力。

品牌 logo 的配色方案主要包括邻近色搭配、互补色搭配等，具体如图 7-3 所示。

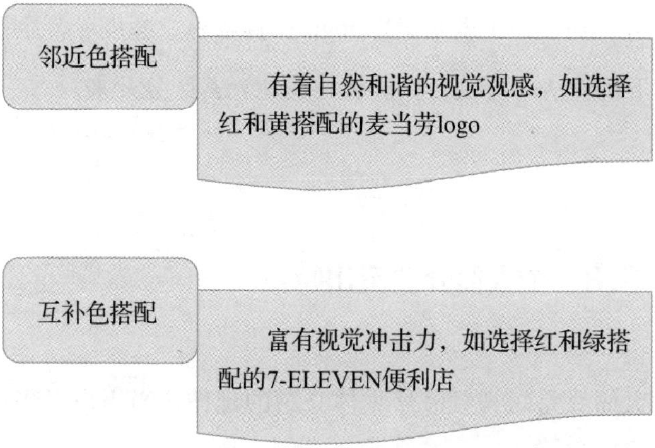

邻近色搭配　　有着自然和谐的视觉观感，如选择红和黄搭配的麦当劳 logo

互补色搭配　　富有视觉冲击力，如选择红和绿搭配的 7-ELEVEN 便利店

图 7-3　品牌 logo 的配色方案

◆ **与品牌标识的一致性**

短视频账号 logo 应该与品牌的整体形象和风格保持一致，与品牌的其他元素如品牌名称、标语等相互呼应。因此，在设计短视频账号的 logo 时，要考虑与品牌标识的一致性，以确保整个品牌形象的统一性。

◆ 保持可用性和可识别性

短视频账号的 logo 应该在不同背景、不同场景下都能保持可用性和可识别性，也就是确保 logo 在背景色、亮度、复杂度不同的情况下仍然清晰可见，并能够与其他元素区分开来。

### 7.3.3 个人简介要突出特点

个人简介是短视频账号主体介绍的延伸，当用户对账户内容感兴趣时，会进入账号的主界面，去了解账号信息，此时个人简介就成为用户进一步了解账号主体的重要途径，如图 7-4 所示。

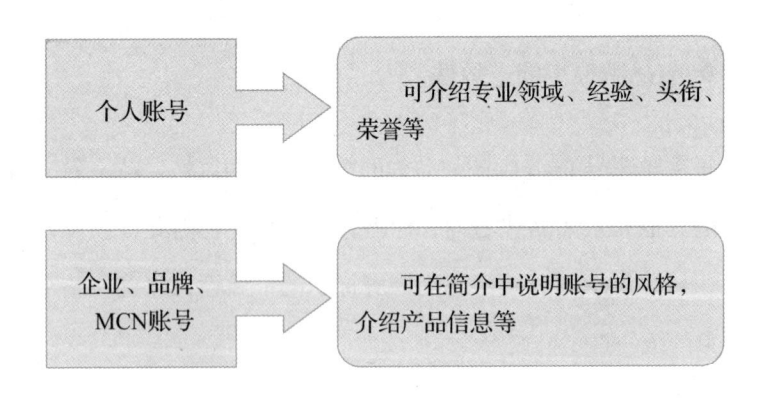

| 账号类型 | 简介内容 |
| --- | --- |
| 个人账号 | 可介绍专业领域、经验、头衔、荣誉等 |
| 企业、品牌、MCN账号 | 可在简介中说明账号的风格，介绍产品信息等 |

图 7-4　不同类型账号的个人简介

另外，简介中可以写上渠道引流信息，比如商务合作邮箱、微博、私人微信等。在具体的撰写过程中，可以采用以下技巧。

◆ **简明扼要**

在撰写个人简介时，应保证内容简洁明了，比如可用简短的语言概括账号主要是做哪方面的内容或营销什么产品。应避免冗长的叙述，让用户能够快速了解个人或品牌的特点。

◆ **强调独特性**

个人简介要突出账号与众不同的方面。比如，可以提及自己专注的领域、独特的创作风格或特殊的内容主题等，这有助于吸引对这些方面感兴趣的用户。

◆ **明确价值主张**

个人简介要明确传达账号给观众带来的价值，也就是解释视频如何娱乐、教育、启发或提供其他有益的内容，让用户明白为什么他们应该关注你的账号。

◆ 使用关键词和标签

在个人简介中可以使用相关的关键词和标签,这样不仅能增强相关性,还能有效提高视频的可搜索性,更容易让潜在用户找到你的账号。

◆ 添加其他社交媒体链接

在撰写个人简介时,可以在个人简介中添加其他社交媒体链接,如微博、B 站账户等,或添加同平台的其他账号。这样可以让用户更轻松地找到你的其他账号,多方面了解你,增加用户粘性。

◆ 添加更新和发布频率

如果短视频有固定的更新和发布时间表,在撰写个人简介时,可以在其中体现出来,这样可以让用户明确知晓并期待新视频,同时能增加用户的参与度。

◆ 展现幽默与个性

根据短视频账号的内容和风格,可以在个人简介中展现一些幽默或个性化的元素,这样可以有效吸引用户,并有助于与用户建立亲近感并引发共鸣。

  总之,个人简介应该真实、吸引人并体现账号性质。同时要不断优化和更新个人简介,以反映账号的发展和成长。更重要的是,视频创作者应确保个人简介与短视频内容保持一致,让用户对账号产生兴趣并留下深刻印象。

## 7.4 短视频封面设计,让用户"一见倾心"

短视频封面是用户对短视频的第一印象,在吸引用户关注、提升视频观看量等方面起着重要的作用。

为了提升短视频封面的吸引力,让人有点进去的欲望,应精心设计封面,让用户"一见倾心"。

### 7.4.1 突出主题

在设计短视频封面时,要确保封面能够准确地反映视频的主题或内容。其中,图片和文字是凸显封面主题的主要手段。可以使用视频中与主题相关的关键场景或人物等,同时使用警示句、疑问句等概括主题,制造悬念感,进而引起用户的兴趣。

## 7.4.2　采用引人入胜的图像

在设计短视频封面时,应当选择一张视觉上吸引人的图像作为封面,这能令用户在看到封面的当下就产生点击、观看的冲动,如图 7-5 所示。

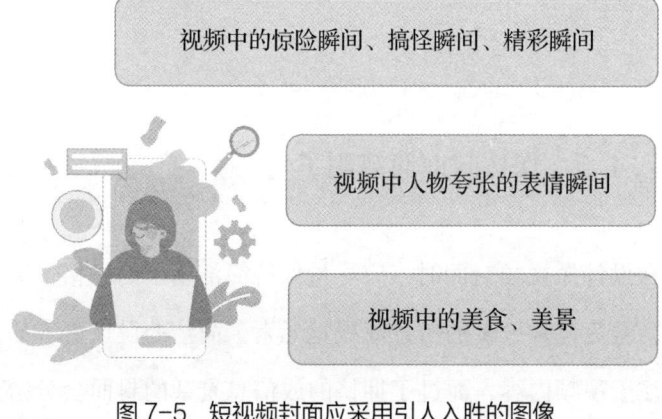

图 7-5　短视频封面应采用引人入胜的图像

## 7.4.3　使用鲜明的颜色

在设计短视频封面时,所采用的图片应有着高饱和度和鲜明的颜色。同时,文字标题应采用和背景有较高对比度且清晰明亮的色彩,以便同时能看清楚背景和标题内容。不宜选择灰暗、看不清的图片或对比度不高的字体颜色。

### 7.4.4 选择美观的字体及合适的字号

在设计短视频封面的过程中,应选择美观且适合主题和风格的字体,确保字体清晰可读,避免使用过于花哨或难以辨认的字体。同时字体大小要合适,由于手机端页面较小,为确保用户能看清和重点突出文字标题,需要根据实际情况调整字号。

### 7.4.5 保持封面简洁明了

在设计短视频封面时,应尽量保持简洁明了的风格,突出设计感,避免包含过多的信息或视觉元素。简洁的设计更容易让用户专注于视频内容,而过于拥挤的或信息复杂的封面会分散用户的注意力,起不到吸引用户的作用。

### 7.4.6 统一设计风格

无论是在图片内容、背景颜色设计上,还是在标题字体、字号、颜色、布局选择上,所有视频的封面应尽量统一风格,使其看起来比较舒服、不杂乱,能够体现账号视频内容的系统性、统一性和专业性，也能体现账号风格和特点，以吸引自己的粉丝群体。比如，做手绘的账号可采用不同的手绘图片作不同视频的封面，影视类的账号可用不同电影的海报图作不同视频的封面等。

【营销案例】

巧妙的头像、简介及封面设计更具吸引力

在影视自媒体头部账号中，"××电影"在抖音平台上的营销设置非常值得学习，该账号主要做电影影评和内容介绍。

在头像设计上，该账号采取了账号名称的第一个字，且在字体上设置了眼睛的形象，与账号做的内容相契合；账号主页面背景上采用了账号名称加背景图案，采用黄色背景、黑色字体，鲜明地突出了自己的品牌名称；简介里写明了账号主要内容方向和联系方式。

在形式设计上，每部电影用一个或多个连贯的视频进行介绍，将每部电影的所有介绍视频统一用一张图片作为封面，这样在进入账号主页后，能清晰地找到每一部电影的名称和海报，十分和谐美观，也体现出了专业性。

## 7.5　新手必看的爆款选题法

确定选题是制作短视频之前的重要步骤,一个好的选题,能让短视频的播放量飙升,实现快速传播。相反,选题不够新颖有趣,所拍摄出来的视频就很难得到足够的关注度,且很容易被其他热门视频淹没。那么,如何选题才能做出爆款视频呢?可参考以下建议。

### 7.5.1　抓住热点话题

热点话题拥有较高的流量,借助热点发布视频是在短时间内获得流量、快速吸引用户观看的有效方式之一。

热点话题可以通过平台的播放热榜、话题热榜去寻找,同时也要利用多平台热点榜进行筛选,如抖音、快手、微博、知乎、腾讯新闻等。

蹭热点要注意及时性，同时话题要与短视频账号运营内容相关。选好热点话题，发布视频时用"#"号选择该话题标签，以获得搜索推荐和提升曝光量。

### 7.5.2 借鉴同行，不断创新

通过搜索或推荐页找到与自己账号内容类似或相关的高播放量、高赞爆款视频账户，分析优秀同行视频的爆点，如图 7-6 所示。

图 7-6 分析优秀同行视频的爆点

当然，借鉴不是完全复制，要结合自己的特点，发挥自己的特长，不断创新，找到视频的爆点，才能做出爆款选题和视频。

### 7.5.3 抓住痛点，挖掘需求

从用户的角度出发，思考用户对产品的需求、在使用产品过程中存在的痛点，可以从评论区、弹幕区等找到用户的产品使用体验和意见，了解用户的喜好以及他们接下来想要看的内容。也就是要把用户的需求和偏好放在首位，这样能够保证视频的播放量，提升用户粘性和增长量。

### 7.5.4 创造新的选题

可以从各个短视频平台上高播放量、高赞、高评论的视频和高粉丝量的账号中分析目前社会中人们潜在的精神需求，创造出下一个爆款选题。这一点要求是比较高的，需要有较强的社会洞察力、分析能力和操作能力，以及丰富的制作视频经验，能够找出伴随着社会发展人们产生的心理新需求。比如，某博主关注到没坐过地铁、飞机的人群，用短视频普及最基础的出行方法，这个许多人没有想到的选题在网络上得到了广泛传播，成为爆款。关注、寻找、创造新的视频选题，有助于在很短的时间内吸引大量用户的关注，能够有效提升视频播放量。

## 7.6　如何创作优质的短视频脚本

短视频脚本是为了制作短视频而编写的一份文档或指南,用于规划和组织短视频的内容、结构和情节。它是短视频创作的基础,能够帮助制片人、导演和拍摄团队在拍摄过程中更好地理解和实现预期的视觉效果和故事叙述。优质的脚本是短视频内容的灵魂,也是成功营销的关键。

### 7.6.1　了解用户的消费习惯

营销视频是为了向营销对象营销产品,所以在做短视频之前,需要先对短视频用户画像、用户偏好有所了解。

具体要了解不同短视频平台上用户的年龄分布、性别比例、地区和城市分布、平均消费额、消费领域分布等,比如 B 站以二次元为特点等。只有了解用户的消费习惯，才能创作出好的短视频脚本，也才能创作出有针对性的营销视频。

### 7.6.2 确定主题

在了解了用户的消费习惯和喜好后，接下来就是据此来确定短视频的主题，确定好希望传递什么信息，想要引发观众什么样的情感，选择什么样的内容形式，是情感故事、美食制作、农村生活还是服装搭配等。确定好主题，也会为之后拍摄场景的选择、人物的选择、视频的拍摄思路等奠定基础。

### 7.6.3 设计吸引人的开头

短视频大部分时长都比较短，一般只有几分钟乃至几十秒，所以必须在开头就抓住观众的注意力，比如可截取视频中的有趣元素、引人入胜的场景、事件的冲突片段等作为短视频的开头。

如旅游视频可以用好看的景色作为开头，美食探店的视频可以先用好吃或者难吃的镜头片段作为开头。总之，短视频的开头要鲜明有趣或有足够的戏剧张力,这样才能从众多的短视频中脱颖而出,留住用户,让用户观看完视频,并自发点赞和评论。

### 7.6.4 搭建故事框架

搭建故事框架就是设计短视频整个故事的起承转合,根据视频的内容风格,设计合适的故事结构。

搭建故事框架,可以选用不同的方法,如图 7-7 所示。

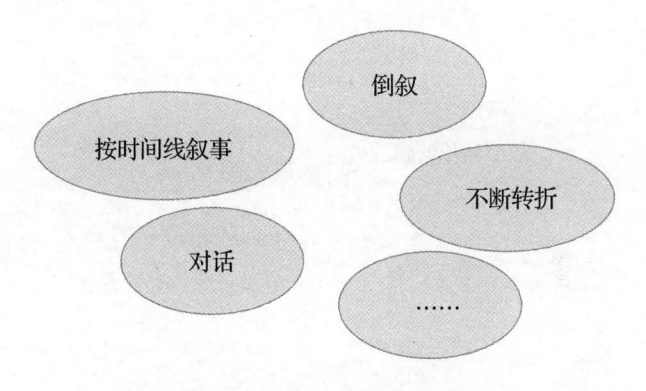

图 7-7 搭建故事框架的方法

按照不同的方法,设计不同的场景、组织好不同人物的切换等,最终调动用户情绪,引起用户的兴趣,让用户持续观看下去。

## 7.6.5　丰富拍摄细节

短视频脚本的细节涉及景别、镜头、时长、画面内容、对白等。确定好故事框架、基本场景后，就要对视频拍摄的每个镜头细节进行分析和设计。比如，景别用全景还是近景，用固定镜头还是跟随镜头，有无画外音，对白时是否有背景音乐，转场是直接切还是淡入淡出等。所有的细节都为故事的叙事结构服务，也为之后的视频粗剪奠定基础。

除了以上步骤，在制作短视频脚本时，还要注意的方面如图 7-8 所示。

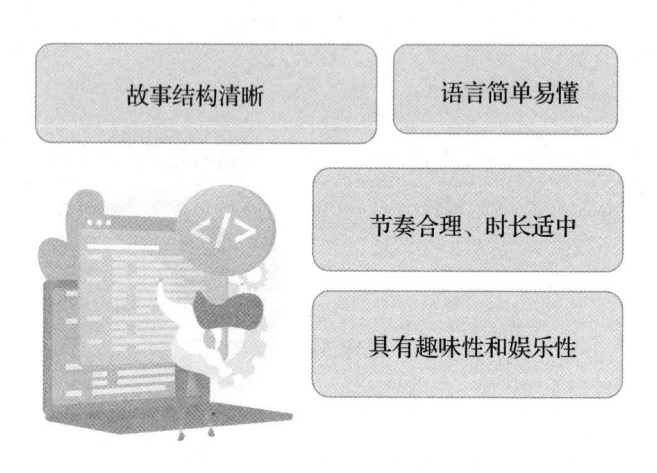

图 7-8　制作短视频脚本时需注意的方面

## 7.7 短视频拍摄、剪辑与配乐

短视频的拍摄手法、剪辑手法、配乐、节奏等都影响着用户的观看感受。所以，要想制作出受用户喜欢的短视频，就要掌握短视频的拍摄、剪辑与配乐技巧，通过镜头语言、转场效果、音乐与视频节点的相互配合留住用户，以提高短视频的营销效果。

### 7.7.1 短视频拍摄技巧

◆ **根据需求选择不同的拍摄设备**

拍摄短视频可以用手机、相机、摄像机、无人机等，不同的拍摄设备具有不同的优势，如图7-9所示。

- 手机：方便好用，能随时随地记录生活
- 相机：像素较高，能拍摄出更有动感的画面
- 摄像机：能够拍摄高清视频，构图便利
- 无人机：能够获得特殊的高空视角

图 7-9　不同拍摄设备的优势

不同设备有不同的特点和应用场景，可以根据自己的情况和需要进行选择。

◆ **丰富拍摄画面**

拍摄视频时，在保证构图完美的同时，也要丰富画面的变化。具体可以采用的方式如图 7-10 所示。

- 加慢镜头、延时拍摄等。
- 利用"推、拉、摇、移"等手法，使画面发生前进、后退、横移等变化。
- 通过变换焦距、角度得到不同的景别。
- 通过平缓改变画面焦点和景深，逐渐突出主角。
- 使用三脚架、稳定器来保证画面的稳定和流畅，使所拍摄到的画面细节更丰富。

图 7-10　丰富拍摄画面的方式

◆ **练好运镜技巧**

运镜及运动镜头，给人更多的动感和层次，能提升视频的吸引力。常见的运镜方式包括移动摇镜、一镜到底、镜头跟随等。

移动摇镜是指通过横竖平移、前后推拉或甩的动作来展现拍摄环境、细节或状态。移动摇镜可以丰富画面视角，充分介绍环境背景，通过逐渐让主角出现或消失、转移场景等方式，表现人与人、人与物的时空关系。移动摇镜可以为之后视频的转场提供基础。

一镜到底，即开机便一直追随着主角，贯穿视频始终不停机，后期不用剪辑，给人以真实感，常用于纪录片形式的短视频的拍摄。

镜头跟随，即随着主角的行走或运动一起移动的镜头语言，能够给人以就在主角旁边的沉浸感。

◆ 找好光线、打好灯光

光线和色彩是影响画面质量、清晰度的主要因素，也是营造视频氛围的重要因素。

室外的早上和傍晚光线比较柔和，拍摄视频效果较好。室内可通过调整灯光亮光和颜色来进行拍摄。拍摄时，也要注意运用逆光、顺光、侧逆光、散射光等突出拍摄物体和人物，创造不同风格的视频画面。

◆ 视频收音

视频收音可以用设备自带话筒或外接收音设备进行视频同步收音，也可以使用外部独立收音设备。

户外可以使用领夹式麦克风，可以过滤掉大部分噪声，耐用且表现稳定。室内可以使用指向性电容麦克风，可以捕捉更有质感的声音。除了现场收音，还可以在后期进行配音。

## 7.7.2 短视频剪辑技巧

◆ **利用好转场效果**

剪辑中，最重要的就是转场。通过转场能表现故事情节的转折、节点变化，从而体现故事结构、表现故事节奏。

转场一般分为硬切和特效。视频硬切是指将两个不同的镜头画面直接切换，不使用任何过渡效果或叠加。硬切能够使观众重点关注视频内容，多用在电影中。

特效转场有很多，包括叠化、淡入淡出、图形变化等。部分特效可以做到类似"无技巧"的自然过渡，比如利用遮挡镜头进行转场、相同主体转场、动势转场等。特效转场能提升视频精彩程度，容易吸引人关注，多用在营销视频中，不过也易分散人对视频本身内容的注意力。

除了以上的转场技巧外，通常视频还会配合变速和音乐节点进行转场，能够提升视频整体变化效果。

◆ **调整好节奏和变速**

通过视频变速处理，能够加速或放慢视频画面，丰富视频的节奏。

快镜头往往用来表现不重要的事情。慢镜头常用来突出重要的画面，展示精彩的瞬间。快慢的结合，有助于引导观众的情感变化，令画面更具视觉冲击力。

除速度外，场景切换的次数也可以改变节奏，比如在电影动作片中，可通过不断快速切换双方的视角来加快节奏，制造打斗过程的紧张气氛。同理，在剪辑短视频时，也可以根据控制场景的变化次数来调整视频的节奏和速度。

◆ 做好片头和片尾

片头除了可以用有吸引力的片段外，也可以通过动画、文字效果，把自己的品牌、logo放在开头，做出类似电影开头的感觉。

片尾是故事的结束，也是情感的结束，可以放一些适当的总结语，也可以放上自己的产品广告，忠实的用户在看完视频后可能会对片尾广告产生兴趣，进而购买产品。

◆ 适当加入特效

利用专业剪辑软件对视频中的部分片段加上特效，会提升视频的专业度和精彩程度。除此之外，大多数的短视频平台都提供特效应用，比如放大头部、头部动画特效、AI变脸、美颜、变声等。充分了解和运用这些特效插件，可以使视频增色不少。

◆ **添加字幕**

添加字幕，能够让用户明白视频具体在说什么，带给用户更好的观看体验。尽管用户大多数能够听懂视频中的语言，但是如果不加字幕，可能会因为视频中个别人物的语速、口音、吞音等问题，影响用户观看体验，所以尽量要加上字幕。

目前，短视频平台一般都推出了语音识别功能，能够自动添加字幕，但是还达不到百分之百准确。因此，制作完视频后，可以再检查一遍字幕，对错误之处进行修改。

## 7.7.3 短视频配乐技巧

短视频配乐要符合视频的主题，同一个视频中不同片段的配乐也应有所区别。比如，旅行视频中，表现大自然的画面就要用空灵、舒缓的音乐，赶路时可以用紧促的音乐等。除了这些常规的原则外，短视频配乐也有一些独特的技巧。

### ◆ 抓住爆款配乐

短视频领域经常会突然流行一段音乐、一段对话、一个配音等，可以从音频热榜中找到它，并用到自己的视频中。

具体可以借鉴别人是如何利用这个配乐拍摄视频的，然后创作出适合自己的视频。利用爆款配乐，有利于提升视频的曝光量，也就有机会成为爆款视频，提升营销成功率。

### ◆ 多用卡点音乐

短视频具有播放时间较短的特点，所以要快速吸引用户。卡点音乐具有独特的节奏，在节点间设置硬切转场或特效转场能够使视频更加精彩和具有艺术性。所以，在短视频中可以使用各类卡点音乐。

### ◆ 用特殊音效补充配乐

各类短视频平台都会提供各种音效，比如笑声、转场声、动物叫声、乐器声等。可以利用这些音效来丰富视频音乐效果，减少配音的工作量，提升剪辑效率。

短视频平台中的部分音效已被大家所习惯和接受，运用这样的音效可以增加视频的共鸣，使视频更易于理解和传播。

**【社交实战】**

### 常用的短视频剪辑软件

- 剪映

剪映是抖音集团旗下的视频剪辑软件,目前已实现手机端、Pad 端、PC 端全终端覆盖。剪映软件拥有丰富的视频转场特效、文字效果、音效、音频和滤镜等功能,剪辑方法简单易学,对于新手非常友好。而且剪映与抖音短视频平台共享音乐收藏,能够快速分享剪辑好的视频。同时剪映具有智能语音转字幕、变声朗读字幕等功能,降低了后期配音和配字幕压力,能大幅提升视频剪辑效率。

- Pr

Pr 软件全称为 Adobe Premiere Pro,是由 Adobe 公司开发的一款性能较强的视频编辑软件。该软件能实现各类动作特效、调色、文字效果等,支持广泛的色彩 LUT、特效、音效插件,拓展性和自由性强,可以实现不同风格的视频效果。

- Final Cut Pro

Final Cut Pro 是苹果公司推出的视频剪辑软件。该软件在苹果的生态系统中表现出色,可以在 Mac 电脑上实现高效的视频编辑和渲染。用户界面友好,能提供流畅的预览,渲染速度快,能够提高苹果用户的视频剪辑效率。

## 7.8 做好内容优化，才能快速涨粉

短视频领域竞争激烈，只有持续不断地优化内容，才能从海量的视频中脱颖而出。企业、品牌营销者可从以下几方面入手，对企业、品牌营销视频进行优化。

### 7.8.1 深耕领域，打造特点

短视频领域，内容为王。依靠猎奇的视频内容虽然偶尔能够获得流量，但并不是长久生存之道。要想持续、快速地获得新的用户，必须拥有过硬的视频内容。

企业、品牌营销者在制作营销短视频时，首先要深耕一个领域，提升自己在该领域的技术水平，并打造自己的特点，以系统化、差异化的优质内容吸引用户的关注与参与。

## 7.8.2 制作原创视频

随着短视频平台越来越规范,搬运别人的视频受到的限制也越来越多。原创视频是平台大力支持的方向,同时也是短视频创作者能持续做下去的立足之本。营销者只有精心制作高质量的原创营销短视频,才能够快速吸引大量的用户,从而实现预期营销目标。

## 7.8.3 根据平台选择横屏、竖屏

不同的平台适合不同的画面格式,如抖音、快手适合竖屏视频,B站适合横屏视频。是选择竖屏还是横屏,要根据自己账号的主要用户在哪个平台、自己的内容主攻哪个平台等来决定,这样能够为用户带来更好的体验,从而实现快速涨粉。

## 7.8.4 提升拍摄质量

对视频拍摄质量的优化也可以促进快速涨粉,比如从用手机拍摄改为用微单拍摄,或使用稳定器拍摄,提升画面的稳定性,提升视频构图质量,改善画面的色彩等。

### 7.8.5 对内容进行总结分析

定期监测和分析账号视频内容的表现数据，包括观看次数、视频完播率、转化率、评论风向等。根据这些数据了解用户的喜好和行为，从而进行视频内容调整，优化内容方向，以提高涨粉速度和营销效果。

### 7.8.6 持续学习、创新

营销者在拍摄营销短视频的过程中，要不断地进行学习和创新，包括视频内容制作、视频方向把握和视频营销方法等方面，都需要不断精进。可以向同行借鉴学习或参加行业分享会等，也可以从视频平台中寻找、观看最新的热门视频，寻找创作的灵感。

## 7.9 这样做，提升短视频营销效果

要想有效地提升短视频营销效果，除了要在标题、封面、内容方面下功夫，还需要掌握一些关键策略和技巧。以下提供一些提升短视频营销效果的方法，希望可以帮助你在竞争激烈的市场中脱颖而出。

### 7.9.1 多与用户互动

与用户互动可以增加他们对品牌或产品的兴趣和忠诚度。可以在视频中提出问题、鼓励用户评论或参与互动活动，并及时回应他们的反馈和评论。

### 7.9.2 多平台传播

除了在多个短视频媒体平台上分享短视频，还可以将视频嵌入企业或品牌的网站、微博或电子邮件中，并利用各种渠道进行传播。例如，将视频链接分享给行业内的意见领袖、博主或其他相关网站，以增加视频的曝光度。

### 7.9.3 定期发布内容

定期发布新的短视频内容，能保持用户的兴趣和参与度，保证用户粘性。可以向用户预告下一期内容的更新时间，提醒用户在第一时间观看，从而提升播放量和营销效果。同时，制订常规的内容更新时间计划，并确保有足够的视频素材来支持计划，同时也让用户熟悉更新频率和时间。

### 7.9.4 与优秀的短视频创作者合作

寻找与品牌或产品所在领域相关的、优秀的、有影响力的视频创作者，与他们合作制作短视频或进行品牌赞助，能够借助这些优秀创作者自身携带的巨大流量达到很好的营销效果。个人账号创作者与优秀视频创作者合作，或者出现在他们的视频中，都能对自己的账号起到引流效果，得到增加关注度的机会。

### 7.9.5 获取平台流量支持

许多平台为企业或品牌提供了各种流量支持渠道。如将企业或品牌的营销视频放在视频平台开屏广告界面或在用户观看视频时为其推送，进而达到营销目的。进行广告投放时，要根据预算和目标受众的特征，选择合适的广告形式和平台进行投放。

第 8 章

"社交＋直播"：异军突起，引爆流量狂欢

在数字化时代，社交媒体和直播技术的结合已经成为一种引爆流量的强大组合，形成了直播带货经济，增添了营销新方式。将社交互动与实时直播相结合，可以创造出富有互动性和实时性的独特营销效果，企业和个人因此可以获得更多的曝光率，吸引更多的关注，增加营销成功率。

## 8.1 直播营销爆火的底层逻辑

直播营销作为一种新兴的营销方式,正在迅速引起热潮,并展现出巨大的潜力和效果。它结合了实时互动、真实性和创造力,为企业和个人提供了一个独特而强大的推广平台。

而在直播营销爆火的背后,隐藏着一些底层逻辑,具体介绍如下。

### 8.1.1 实时互动性强

直播营销能够实现实时互动,让品牌与用户之间建立起更加直接、真实的互动关系。用户可以在直播过程中实时发表评论、提问或表达观点,而品牌也可以即时回应,这种平等沟通彰显了品牌的亲和力,大幅提升了用户的用户参与度和粘性。

## 8.1.2 创造紧迫感

直播营销具有即时性和一次性特点，直播时的优惠也是有限制的，可能会有独家优惠或限时促销等活动，因此会营造一种紧迫感和争抢的氛围，促使用户在直播中即刻采取行动，这使得流量转化率大幅提升。

## 8.1.3 创造独特体验

直播营销为用户提供了一种与传统广告或宣传方式不同的体验。用户可以通过直播亲身感受到品牌或产品的特点、优势和魅力，同时也可以看到其他参与者的互动和反馈，创造出一种独特的社交体验。

## 8.1.4 强化信任和认同

直播营销能够通过实时互动和真实性建立品牌与用户之间的信任和认同。用户能够目睹品牌或产品的展示、演示或使用过程，进而增加对品牌的信任感。同时，主播可能是行业内的专家或意见领袖，他们的认可和推荐也会增强观众对品牌的认同感。

### 8.1.5　扩大品牌曝光度

直播营销通常通过社交媒体平台或专门的直播平台进行传播，用户可以通过分享、点赞、评论等方式将直播内容扩散出去，从而提高品牌的曝光度和影响力。此外，直播过程中的插播广告或品牌 logo 的展示也可以提升品牌的知名度。

### 8.1.6　提供数据收集和分析工具

直播平台可以为直播营销提供数据（包括在线观众数量、商品点击率、购买量、复购量等）收集和分析工具，从而帮助企业或品牌了解用户的兴趣、偏好和需求，并为后续的营销活动提供有价值的数据支持。企业或品牌可以根据分析后的数据对用户进行精准定位和个性化推荐，提高营销效果。

### 8.1.7 呈现娱乐性

直播营销通常注重娱乐性和娱乐化的元素,以吸引用户的注意力和兴趣。直播过程中可能包括有趣的互动游戏、悬念感满满的抽奖活动、嘉宾才艺展示等,使用户在观看过程中感到轻松、愉快,进而有可能分享给其他人,提高曝光率。

### 8.1.8 能够实时反馈和调整

直播营销的特点是可以实时接收用户的反馈和意见。企业或品牌可以根据观众的反馈及时调整内容或活动,以满足用户的需求。这种实时反馈和调整能够增加用户的参与感和满意度。

### 8.1.9 跨越地域和时间限制

直播营销可以跨越地域和时间的限制,让用户无论身在何处都能够参与其中。用户可以通过在线平台观看直播,不受地理位置的限制;同时,直播内容可以根据不同时区的用户进行调整,以确保更多用户能够参与。

## 8.1.10 创建社群和粉丝经济

直播营销可以帮助品牌或主播建立粉丝社群,通过优质的直播内容和有趣的互动来凝聚粉丝群体,从而形成一定数量的粉丝基础,并在之后的互动中与他们建立更紧密的联系。这种社群和粉丝经济可以带来更高的用户参与度、品牌忠诚度和口碑传播效果。

## 8.2 常见直播社交营销平台：抖音直播、快手直播、多多直播等

在直播营销领域，抖音直播、快手直播和多多直播等平台都比较受欢迎。这些平台结合实时互动和社交功能，为企业和个人提供了一个广阔的推广舞台来开展直播营销活动。

### 8.2.1 抖音直播

抖音直播是抖音平台推出的核心服务之一，允许主播通过实时直播与用户进行互动。主播可以通过直播展示自己的才艺、分享日常生活、进行产品推广等。用户可以通过点赞、评论、送礼物等方式与主播互动，并通过弹幕实时与主播交流。

抖音直播广受欢迎，吸引了众多明星、短视频达人和普通用户的参与。其用户群体更加多元化，涵盖社会各阶层的人，其中，消费能力较强的一二线城市的年轻人占据着不小的比例。

通过抖音平台上的商品链接和商城，用户可以直接在直播间下单购买，大大提升了成交量。

### 8.2.2 快手直播

快手直播是快手平台提供的一项直播功能，用户可以通过实时直播与观众互动。同抖音直播一样，快手直播也很注重用户之间的互动和社交，用户可以通过弹幕、评论、送礼物等方式与主播进行互动。另外，快手直播提供了丰富的特效、滤镜等，增加了直播的趣味性和互动性。许多明星、短视频达人选择通过快手直播与粉丝进行实时互动。快手也建立了自己的电商平台，用户可以在观看直播的过程中一键下单。

快手直播与抖音直播在用户群体方面有着显著的区别。在快手直播用户中，三四线城市的年轻人和农村的用户群体占据很大比例。

### 8.2.3　多多直播

多多直播是电商平台拼多多推出的一项直播功能,主要用于商家直播进行产品推广和销售。商家通过直播向观众展示产品、提供优惠和促销活动,并在直播中进行实时销售。观众可以在直播中购买产品、参与抽奖与主播进行互动等。

多多直播结合了直播和电商的特点,为商家和消费者提供了一个交互式的购物体验平台。拼多多产品种类非常全面,以低价的形式吸引了众多的用户。

简而言之,抖音直播、快手直播、多多直播都具有实时互动、弹幕评论等功能,使用户能够与主播直接互动,并实时参与直播内容。这为企业和品牌提供了一个直接对观众进行产品推广、提供优惠活动、增加品牌曝光率的渠道。这些直播平台的广泛应用和用户活跃度也使得它们成为企业和品牌实现营销目标的重要工具。

## 8.3 优质主播是怎样炼成的

电商主播在产品展示和解说、营造购物氛围、推动销售和转化、品牌宣传和塑造、用户互动和客户服务等方面起着非常重要的作用。

那么,优质主播是怎样炼成的?这就需要不断学习、实践,不断提高沟通能力、创造力等多方面的能力,具体介绍如下。

### 8.3.1 具备一项或多项才艺

优质主播通常在某个特定领域中具备一定的才艺或专业知识。要想成为优质主播,不妨培养一项或多项才艺,让自己拥有更强的竞争力,如图8-1所示。因此,主播不妨先确定一个方向,然后通过报班学习等方式去不断地增进才艺技能。总之,工作之余要多下功夫，才能不断精进自己，以盘活直播间的流量。

图 8-1　主播可展示的才艺

## 8.3.2　拥有良好的沟通表达能力和直播互动技巧

作为主播，良好的沟通和表达能力是至关重要的，包括清晰的语言表达、流利的口才、引人入胜的讲述能力等。通过培养这些能力，主播能够更好地与观众沟通，并吸引他们的注意力。

在直播过程中，主播还需要掌握一定的直播技巧，如如何与用户建立连接，如何引起用户的兴趣、提升用户的参与度，如何处理直播中的意外情况等。良好的互动能力可以增强用户的忠诚度，从而建立稳定的粉丝群体。

### 8.3.3 要有自己的特色

主播需要有自己的个性和风格，具体可以通过独特的直播内容、表演方式、穿着、化妆和视频特效等来凸显自己的个性，让用户能够很快记住。同时主播也需要了解目标用户的兴趣和需求，培养敏锐的洞察力和创造力，以不断改进和提升自己，持续对用户保持吸引力。

### 8.3.4 打造新颖、有趣的直播内容

直播内容只有足够有趣，才能够留住观看直播的用户。所以作为主播，需要定期回顾自己的直播内容，分析直播内容是否有趣、是否能吸引用户，进而不断优化、改进。比如，在直播时可以与用户分享一些日常趣事、热门梗、热门话题等，保持丰富和多样化的内容，让用户在直播过程中始终充满期待。

### 8.3.5  坚持准时开播

当积累了一定量的用户之后，为维持用户对主播的持续关注以及让更多用户准时出现在直播间，主播就需要公布自己的开播时间。固定的时间以及准时开播对维持自己的用户群体、吸引新的用户十分重要。

### 8.3.6  不断学习和创新

要想成为优质主播，就要不断学习新的直播技术、直播技巧和直播营销方式，学习直播平台新的规则、避开违禁词等。同时对自己的直播营销方式定期进行创新，给观众带来新鲜感，避免时间久了直播间在线人数下降或用户量减少。

## 8.4 打造一份实用的直播策划案

打造一份实用的直播策划案对于成功进行直播活动至关重要。一个好的直播策划案能够帮助企业或品牌明确直播目标、规划直播内容等,确保直播活动的顺利进行并达到预期效果。

### 8.4.1 明确直播主题、内容及目标

在制订直播策划案时,首先要根据自己账号的特色、性质等确定本场直播的主题和内容,主要包含的内容如图8-2所示。

| 电商直播 | 零食专场、服饰专场、农产品专场等 |

| 秀场直播 | 聊天交友,才艺展示(唱歌跳舞)等 |
| 生活直播 | 美食制作、健身锻炼、旅游等 |
| 游戏直播 | 游戏实况介绍、游戏心得分享等 |

图 8-2 明确直播主题和内容

其次,要设定直播目标。比如本场直播间观看人数、转化率、成交额应达到多少。总之,设定的目标越具体,直播过程中就越有动力。

## 8.4.2 制订直播计划

在直播前,需要制订一个直播计划。直播计划应该包括直播预热方式、直播的时长、互动方式等。确定直播计划时,要考虑目标用户的上网时间习惯,选择最适合的直播时间段。可以提前通过视频或其他媒体进行直播预热,公布直播时间和直播内容,保证在直播时有更多的人进入直播间,为直播打下流量基础。

### 8.4.3 直播设备及直播间布置

直播间的设计会影响观众的感受和留存率，因此需要打造一个专业、清晰、简洁的直播间，让观众感受到专业性和品质，如图 8-3 所示。

- 布置背景，确保直播间的背景干净整洁、简洁美观。
- 使用高清摄像头及高质量声卡、麦克风、补光灯等专业设备，确保用户可以听清主播的声音和看清画面。
- 根据直播主题、风格配备不同的特效，使直播间更加生动和吸引人。

图 8-3　打造专业直播间

### 8.4.4 罗列产品信息

在电商直播前，主播首先要进行选品工作，确定好商品品类之后，要详细了解商品推荐亮点。因此，直播策划案中应包括商品相关信息，如产地、原材料质量、适合人群、库存、价格、优惠力度、赠品等。主播在通过直播策划案充分了解了商品的各项信息后，在直播时才能自然、流畅地向用户营销，也能够降低违禁词出现的概率。

### 8.4.5 直播控场安排

现在的专业直播，尤其是电商直播，涉及人员不只有主播，还有很多幕后人员，包括导演、助播、场控、运营等。一场专业的直播，需要一整个团队来进行支持，所以在直播策划案中要体现直播控场安排方面的内容。比如具体的流程、每个职位的职责范围等，这能使团队所有的成员有效配合。另外，直播前还可以进行预演，以保证直播效果。

### 8.4.6 确定引流方案、互动方法

在制订直播策划案时，要确定好直播时的引流方案。比如，邀请明星或网络红人来直播间进行助力营销，以吸引更多的用户，或者通过平台渠道增加流量推送。另外也要提前设计好和观众的互动方法，如解答弹幕疑问、讨论弹幕中的话题、表演节目等，以保证直播间的活跃度，留住进入直播间的用户。

【营销案例】

### 直播间引流有效方法：邀请明星

某直播账号拥有粉丝几千万人，在此基础上，偶尔也会邀请明星进入直播间，进行电商直播和营销。

比如，在某年双十一直播带货前，该直播账号运营者邀请了一位口碑极佳的知名艺人进驻直播间，为主播加油打气。这位艺人不仅配合主播念起广告语，还进行了才艺展示，在她的调动下，当天直播间的人气居高不下，销售额也大幅提升。

## 8.5 告别尬聊：直播间营销话术大全

直播间中的营销话术技巧对于吸引观众、促进销售和建立良好的互动关系至关重要。通过巧妙运用话术，主播可以有效地与用户沟通，引起他们的兴趣，将他们留在直播间并实现销售转化。

### 8.5.1 打招呼和介绍

直播开场或直播中有新用户刚进入时，主播都需要热情地打招呼，比如"欢迎大家来到我的直播间""欢迎×××进入直播间"，然后说明直播间主题、优惠力度等，可以进行自我介绍等，如"我是×××，专注于分享×××领域的产品和知识，今天我们将有精彩的内容和特别的优惠等着你们"，从而将用户留在直播间。

## 8.5.2 产品介绍话术

在直播间中，主播对产品可以从多方面来进行介绍。比如，食品或者服饰可以通过品尝、试穿进行介绍，以引起用户的购物欲望，如图 8-4 所示。

图 8-4 产品介绍话术

还可以用一些专业术语讲解产品参数，如"这款是 ×× 材质，穿起来特别有气质""这款采用的是食品级不锈钢材质"等。

或者模拟真实的使用场景来验证产品的性能，如"这款吹风机风量特别大，噪声非常小，看下我们测量的分贝数""这款箱包非常耐摔，可以看看这样扔到地上都没事"等。

### 8.5.3 关注话术

在直播过程中,主播也要注意引导新进直播间的用户关注主播,帮助账号留存用户,为以后的营销打下基础。在直播过程中,需要通过一定的话术,积极引导用户关注,如图8-5所示。

图 8-5 关注话术

需要注意的是,这一类的话术不要说得太过频繁,否则会容易引起反感。

### 8.5.4 留人话术

直播间人数越多、活跃度越高就越能获得平台推荐流量,也才能产生更好的营销效果，所以将新进的用户留在直播间的话术也十分重要。

可以利用"点赞参与抽奖活动""点小红心参与领福袋"等方式留人，如"各位粉丝们，咱们可以点点小红心，点小红心的一会儿可以参与21：00整的领福袋活动"。

另外，主播还要注意及时欢迎新人进入，及时回答弹幕区问题，如用户问"可以试戴一下银色的那款手表吗"，主播答"×××，可以先关注下主播，稍等我马上试戴给您看下"。

### 8.5.5 促单话术

直播间用户对产品质量、优惠幅度等尤为关心，所以主播要从这几个方面讲解产品优势，抓住用户痛点，打消用户的顾虑。

可以通过制造时间紧迫感催促用户下单，如"这是最后几十单了""这个产品优惠还剩最后几分钟，之后就恢复原价了"。

可以强调品牌及商家产品质量的保障措施，以此吸引用户，如"如果收到货不满意或者有质量问题，您可以7天无理由退换货""大家可以放心购买，我们为您购买了运费险"。

【社交实战】

## 直播禁忌要注意

为加强网络直播管理工作,各个平台都有明确的直播间规则,在直播前要充分了解相关规则,避免出现违禁词,导致被停播。以下是常见的一些违禁词。

- 严禁使用极限用语,如"最高级""最好""第一""顶级"等。
- 严禁使用不文明用语。
- 严禁使用时限用语,限时需要具体时限,严禁使用"仅此一次""马上降价""最后一波"等无法确定时限的词语。
- 严禁使用刺激消费的词语,如"再不抢就没了""错过就没机会了"等。
- 严禁使用权威性词语,如"国家××机关推荐""××机关特供"等。
- 严禁使用暗示性引导词语,如"点击获取""点击有惊喜"等。
- 严禁使用化妆品虚假宣传用语,如"速白""高效""××天见效"等。

- 严禁使用医疗相关用语,如"增强免疫力""抗癌"等。
- 严禁使用封建迷信用语。
- 严禁使用民族、性别歧视类用语。

## 8.6 多样互动，丰富直播玩法

多样互动和丰富的直播玩法是吸引用户参与和提升直播体验的关键。通过提供多种互动形式和创新的直播玩法，可以增加观众的参与度和粘性，提升直播的趣味性和吸引力。

### 8.6.1 设计互动游戏

主播在直播中可以设计一些有趣的互动小游戏，用户可以通过弹幕、评论或直播平台提供的互动功能参与。例如，设置抽奖、猜谜语、快速答题等有趣的互动游戏，赢得游戏的用户可以获得奖品或特殊权益。

## 8.6.2　展示用户提供的内容

主播在直播中展示用户的创作、作品或评论，可以和用户形成很好的互动。例如，播放用户提交的照片、视频，或者在直播中提及用户的评论和建议，这样可以增加用户的参与感和忠诚度。

## 8.6.3　邀请嘉宾和专家

直播时可以邀请行业内的专家、知名人士或粉丝参与直播，与他们进行问答交流或深入讨论特定主题。直播过程中鼓励用户在评论区提问，与嘉宾进行互动。这样能够延长用户在直播间停留的时间，同时也能起到良好的营销效果。比如，当直播间内的嘉宾与主播对直播间售卖的一本书的内容进行深入探讨时，可能会使用户对这本书产生兴趣，从而显著提升这本书的销售额。

## 8.6.4　产品试用和展示

主播可以根据用户的要求为用户展示某件产品的使用方法、试穿效果，并和用户谈论试用、试吃感受等。主播可以用专业术语去展示,也可以用夸张、有趣的方式去展示,目的是展示产品性能,使用户产生兴趣和信任。

### 8.6.5 直播连线

不同主播通过直播连线的方式,可以为双方的直播间都带来巨大的流量,可以利用双方主播和双方粉丝四方之间的互动,来提升营销效果。直播连线时可以打PK、聊天、才艺展示等。

主播甚至可以与产品生产场地进行直播连线,直接展示生产过程,引起用户的好奇心,突出产品的质量等。

【营销案例】

多样互动,百花齐放

不同类型的直播间有不同的直播互动方法,各大平台上的优秀主播也都有着各自的互动秘诀。

如在东方甄选的直播间中,主播用自己渊博的知识,向直播间用户讲解英语、古诗词等知识,在介绍产品的同时,也会介绍物品的历史渊源、产地的风土人情、名人志士等,将产品与中华文化结合起来,吸引了大量的用户。

东方甄选除在固定的直播间进行营销外，目前已经将直播间直接放到了全国各地，直接在当地直播，以当地风景为背景，与当地人进行互动，体现产品的原产地性，加强了各地特色产品的营销。

## 8.7 营销复盘：积累经验，为"爆单"做好准备

营销复盘是反思营销工作的不足和总结经验的过程，通过回顾和分析过去的营销活动，发现潜在的机会和改进点。要想提高营销效果，实现"爆单"，就一定不能忽视营销复盘。

### 8.7.1 收集相关数据和信息

回顾过去的营销活动，收集相关的数据和信息，如直播在线人数、商品点击率、互动率、人均观看时长、销售额、转化率、关键指标等。通过这些数据分析用户对哪些产品最感兴趣、用户最关注的点是哪些等，为之后打造爆款产品打下基础。

## 8.7.2 对不同时段数据进行分析复盘

一场直播包含了多个环节,如开场、不同商品介绍环节、互动环节、下播环节等,各个环节都有不同的数据表现。

首先,分析不同时间段、不同环节的各项数据,可以精确找到成单撬动点,并对流程进行优化完善。

其次,分析关键环节的数据波动,如发放福袋这一环节,营销者要在直播结束后查看这一环节直播间停留的人数有没有增加,以判断这一环节具体的营销效果。

最后,还要分析异常值,如人数突然增加或减少,找到对应直播流程的操作或外部的环境,分析其中的原因,进而进行改善。

## 8.7.3 对不同商品的数据进行分析复盘

通过分析商品的浏览、购买数据来确定影响商品转化率的原因,如价格、对观众的吸引力等。直播后,要梳理出卖得好的产品和卖不动的产品,对比分析出现两个不同结果的原因。也要比较同一款产品在不同时段的营销效果,如果一直卖不动,就要考虑是否该下架这款产品。

### 8.7.4 对用户画像进行分析复盘

在直播前品牌或企业一般会预测产品的目标用户,但是直播后实际的用户画像可能会有些出入,所以需要通过复盘来判断自己预估的准确性,更准确地了解产品用户画像。通过复盘分析用户的购买偏好和价格偏好,为之后打造爆款产品提供数据支撑,也能够判断不同平台、不同渠道对目标用户的引流效果。

### 8.7.5 对各平台、渠道流量效果进行分析复盘

分析直播中不同渠道流量的比例,比如,自然搜索流量、平台渠道推荐流量、明星引流和关注用户的流量等,进而指导之后的投流方式。比如,直播间邀请明星后,搜索和推荐流量飙升,就说明明星引流效果非常好。如果采用的是多平台直播,就要分析每个平台不同的流量推送机制、流量分布等,找出最优流量平台。

### 8.7.6 对团队工作流程进行分析复盘

一场直播活动的效果是一个团队合作的成果。直播团队中涉

及多个职位角色，要定期复盘直播活动中每个角色的任务执行情况以及直播流程是否顺畅，根据直播各环节结果，找出问题行为和优秀行为，找出不顺畅甚至出问题的环节，总结经验后逐步改善之后的直播流程工作。

# 参考文献

[1] 安继芳，侯爽．多媒体技术与应用[M]．北京：清华大学出版社，2019．

[2] 乘风．玩转移动端：社交营销+工具运用+粉丝引流[M]．北京：化学工业出版社，2019．

[3] 付峥嵘，常洛瑜．移动社交营销实战手册[M]．北京：人民邮电出版社，2016．

[4] 勾俊伟，张向南，刘勇．直播营销[M]．北京：人民邮电出版社，2017．

[5] 海天理财．一本书读懂微信公众营销[M]．北京：清华大学出版社，2015．

[6] 胡凯．玩赚自媒体：建号、引流、变现到IP打造[M]．北京：中国铁道出版社有限公司，2020．

[7] 华少，刘佳佳.入局：短视频策划与运营实战[M].北京：中国科学技术出版社，2021.

[8] 极光，胡希琼.私域流量营销：私域＋爆品，IP时代营销方法论[M].北京：电子工业出版社，2021.

[9] 解鹏程，赵丽英.新媒体营销[M].北京：人民邮电出版社，2022.

[10] 靳斌.新媒体视听作品制作与运营[M].北京：中国国际广播出版社，2020.

[11] 李京京，王莉红.新媒体营销[M].北京：人民邮电出版社，2019.

[12] 李科成.个性化自媒体运营与推广一册通：模式总结＋方法提炼＋案例分享[M].北京：人民邮电出版社，2017.

[13] 梁宸瑜，曹云露，马英.直播带货：让你的流量持续低成本变现[M].北京：人民邮电出版社，2020.

[14] 刘东明.新媒体短视频全攻略：前期拍摄＋后期处理＋广告变现＋营销推广[M].北京：人民邮电出版社，2018.

[15] 刘亚男，胡令.新媒体营销：营销方法＋平台工具＋数据分析：微课版[M].北京：人民邮电出版社，2020.

[16] 聂风.全域营销：付费增长与流量变现实战讲义[M].北京：电子工业出版社，2021.

[17] 戚研.直播带货：淘宝、天猫直播从新手到高手[M].北京：

民主与建设出版社，2020.

[18] 秦绪文.自媒体营销与运营实战：内容创作、平台推广与商业变现[M].北京：人民邮电出版社，2020.

[19] 沈凤池，仇红.社交电商运营[M].北京：人民邮电出版社，2019.

[20] 孙郡.流量变现：你的流量，能变现吗？[M].北京：中国经济出版社，2020.

[21] 孙李梅，吴娟.软文营销：写作技巧 营销策略 实战案例[M].北京：人民邮电出版社，2018.

[22] 王昂，赵苗.新媒体营销：营销方式＋推广技巧＋案例解析：微课版[M].北京：人民邮电出版社，2021.

[23] 王黎黎.视频号博主实操攻略：内容策划 视频制作 后期剪辑运营变现[M].北京：人民邮电出版社，2022.

[24] 王乃考.短视频新动向：Vlog[M].北京：化学工业出版社，2021.

[25] 魏振锋，张小华.移动营销[M].北京：电子工业出版社，2021.

[26] [德]沃尔夫冈·谢弗（Wolfgang Schaefer），[德]J. P. 库尔文（J. P. Kuehlwein）.品牌思维：世界一线品牌的7大不败奥秘[M].李逊楠，译.苏州：古吴轩出版社，2017.

[27] 新媒体商学院.短视频运营一本通：拍摄＋后期＋引流＋变

现 [M].北京：化学工业出版社，2019.

[28] 杨飞，黄小波.自媒体运营从入门到精通 [M].北京：中国商业出版社，2018.

[29] 营销铁军.短视频营销 [M] 天津：天津科学技术出版社，2020.

[30] 赵亮亮，唐江山.从 0 到 1 学做直播带货 [M].北京：中国纺织出版社，2020.

[31] 曹倬衔.社会化媒体时代的内容营销：概念初探与研究展望 [J].现代营销（下旬刊），2016：60.

[32] 王爱莲，冯睿.大数据背景下网络互动营销研究综述 [J].北方经贸，2021：63-66.

[33] 杨慧芝.直播的正确打开方式 [J].中国广告，2020（8）：44-45.

[34] 田归燕，周学勤.喜茶口碑营销策略研究 [J].现代商业，2023：7-10.